U0907689

贸易品细分视角下中国技术进步根源研究

Research on the Root Causes of China's Technological Progress from the Perspective of Trade Commodity Segmentation

刘志恒　著

人民出版社

目　录

前　言

近些年中国经济增长呈现明显放缓趋势，2017—2022年中国的平均增速仅为5.2%。相比前五年下降了近两个百分点。该现象的出现与复杂国际环境和新冠疫情等客观因素有关，也与我国调整经济增长方式、推动经济高质量发展有关。技术进步在高质量发展中承担着至关重要的角色。需要注意的是技术的发展对于各生产要素并非均衡促进而是往往呈现出某种偏向特征，因此技术进步方向理论的研究在近年愈加受到学者关注且被用于解释如“技能溢价”“要素收入分配”“产业结构调整”等诸多重要经济问题，而要想对技术进步方向进行正确引导则需要深入挖掘其背后的驱动机制。

技术进步通常被认为有两个主要来源：其一是自主创新，其二是技术引进。由于中国对外经济关系日益紧密，诸多先进技术物化于商品中并可通过进口的技术溢出效应促进技术进步，因而贸易对技术的影响不容忽视，但其作用机制绝非如此简单。大部分学者将研究集中于进口的技术促进效应，然而中国一直依靠“出口导向型”策略推动经济增长，商品的出口贸易是否以及如何影响技术进步呢？通常有关商品贸易的技术进步效应研究都是基于总量层面，而细分后的不同种类贸易品对于技术进步的作用机制存在什么差别吗？此外，除依靠技术引进以外，自主创新的地位在中国日渐凸显，我们所关注的“贸易细分”同自主创新之间乃至技术进步方向之间又存在着怎样的联系呢？为此本书从生产过程和要素密集度两个维度对贸易品进行细分，试图构建一个全面的贸易行为对技术效率的传导机制，以之为基础分别从“结构”和“规模”两个视角建立适用于发展中国家的内生技术模型，结合中国历史数据论证及检验各细分贸易品对中国技术进步方向的影响。所做的主要工作具体体现为以下几个方面：

第一，从结构视角探究细分贸易品对技术进步方向的影响机理。进口过程一般伴随着技术的外溢，显然比出口更具有技术进步的促进效应，因此本书重点探讨进口贸易结构对技术进步方向的影响。首先，给出模型的基本假设由此搭建封闭经济条件下生产与研发的两部门经济理论模型基本框架，并同时提出增进型技术进步更为一般化的测度方法；其次，主要讨论中间品进口贸易结构对相对增进型技术进步的影响，一方面运用静态分析方法研究了中间品进口贸易结构对技术进步方向的直接效应，另一方面通过动态分析讨论了中间品进口贸易结构对技术进步方向的间接效应；最后，进一步探讨消费品（最终产品）进口贸易结构对技术进步方向的影响。

第二，从规模视角解读细分贸易品对技术进步方向的作用机制。首先，将贸易品细分为中间品和最终产品，以商品供求均衡在贸易过程中的变化为依据分别从进口和出口两个方面全面探讨其对技术效率的作用机制。其次，建立兼顾自主研发和技术引进的适用于发展中国家的内生技术模型。定量刻画中间品和最终产品等细分贸易品如何通过“技术溢出”和“竞争效应”等不同渠道对技术进步方向发生作用。

第三，揭示中国细分商品贸易规模与结构以及中国技术进步方向特征。首先，在 BEC 分类的维度上揭示中国的资本品、中间产品与最终产品进口结构。在 SITC 分类的维度上揭示中国资本密集型产品与劳动密集型产品结构。分别计算基于要素密集度的中国资本品、中间产品与最终产品三种产品各自的贸易结构。其次，深入挖掘影响中国各方面进口贸易结构变化的深层原因以期为进口贸易结构调整策略提供参考依据。最后,从相对增进型技术进步和技术进步方向指数两个方面对中国技术进步方向变化的历史特征进行刻画。

第四,从结构视角检验细分贸易品对中国技术进步方向的影响。其一,借鉴 CH 模型思想将自主研发投入和进口贸易作为影响技术进步的两个重要因素,并由此推导和构建中国技术进步方向的基本计量模型;其二,对进口贸易结构与中国技术进步方向进行相关性分析进一步明确变量之间的相关形态;其三,运用协整与误差修正模型检验了资本品、中间品和最终产品等进口贸易结构和自主研发结构对中国相对增进型技术进步的短期影响和长期影响;其四,经过格兰杰因果关系检验进一步判定变量之间因果关系;其五,借助方差分解分析各因素对相对增进型技术进步变化的贡献程度;其六,对模型的稳健性与合理性做进一步讨论。

第五,从规模视角检验细分贸易品对中国技术进步方向的影响。首先,建立与理论分析相适应的计量经济模型,并交代主要变量的测算方法和数据来源;其次,选择岭回归方法分别对劳动和资本密集型技术模型进行估计,以分析各细分商品贸易规模及其他影响因素的技术进步效应;最后,结合理论模型和实证分析结果遴选出导致中国技术进步偏向于资本的主要因素和次要因素。

综上,本书多视角全面探究了不同种类细分贸易品对技术进步方向的作用机理,揭示中国细分贸易品的规模和结构特征并结合中国经验数据验证各细分贸易指标及其他影响因素对中国技术进步方向的影响,以期对技术进步方向内源性研究有所贡献,为贸易政策的制定和技术方向引导以及经济结构调整提供依据和支撑。当然,本书仍然存在诸多不足之处,望读者指正。

导　论

系列相关的实证研究皆表明中国的技术进步方向整体呈现出与北方国家相似的资本偏向特征(戴天仕等①,2010;王林辉等②,2012;董直庆等③,2013),阿西莫格鲁和圭列里④(Acemoglu 和 Guerrieri,2008)认为此现象与经典要素禀赋理论相背离从而导致经济非均衡发展,同时成为导致劳动收入比重下降的重要根源(黄先海和徐圣⑤,2009;刘志恒和王林辉⑥,2015)并严重恶化了收入分配的公平格局。因此,深入挖掘中国技术进步方向变化产生的根源从而进一步优化技术路径变得尤其迫切,也成为本书的基本出发点。

---

① 戴天仕、徐现祥:《中国的技术进步方向》,《世界经济》2010 年第 10 期,第 54—70 页。

② 王林辉、袁礼、郭凌:《技术进步偏向性会引导投资结构吗?》,《学海》2012 年第 3 期,第 54—62 页;王林辉、袁礼:《要素结构变迁对要素生产率的影响:技术进步偏态的视角》,《财经研究》2012 年第 11 期,第 38—48 页。

③ 董直庆、王芳玲、高庆昆:《技能溢价源于技术进步偏向性吗》,《统计研究》2013 年第 6 期,第 37—44 页。

④ Acemoglu, D., Guerrieri, V., "Capital Deepening and Nonbalanced Economic Growth", *Journal of Political Economy*, No.3, Vol.116, 2008, pp.467-498.

⑤ 黄先海、徐圣:《中国劳动收入比重下降成因分析——基于劳动节约型技术进步的视角》,《经济研究》2009 年第 7 期,第 34—45 页。

⑥ 刘志恒、王林辉:《偏向型技术进步和我国要素收入分配——来自产业层面的证据》,《财经研究》2015 年第 2 期,第 88—98 页。

一、研究的背景与意义

《中国统计年鉴2023》公布数据显示，中国2010年GDP达到人民币近40万亿元人民币（相当于全球GDP的8.5%），并从此超越日本，稳居全球第二大经济体，然而也应该注意到近些年中国经济增速有所放缓，2012—2022年其平均增速仅约为6.5%。因此，深入挖掘经济增长的内驱力实现经济的高质量发展是当前中国全面建设社会主义现代化国家的首要任务。以索洛①（Solow，1960）为代表的新古典经济增长理论模型中早就提出：在促进经济增长的各要素中只有技术进步才具有"增长效应"，而其他要素只具有"水平效应"。由此不难看出技术进步对经济增长的重要作用，同时技术进步也一直是经济理论研究的热点。然而早期关于技术进步的研究大多以C-D生产函数为基础的中性技术进步，在实际测度过程中技术进步通常被看作是生产过程中除了资本与劳动两个要素以外"余下的部分"对生产所做的贡献，即所谓"索洛余值"。这种方法所描述的技术进步就像看不见的"黑箱"，虽然在生产函数的计算上方便处理但是却无助于我们对生产过程的深入理解。因此随着研究的深入这种"外生中性技术进步"理论逐渐被一种新的技术进步理论所替代——"技术进步方向"理论。

关于技术进步方向希克斯②（Hicks）早在1932年就有提及：技术进步的方向取决于技术进步更有利于资本边际产出还是劳动边际产出，如果更有利于资本边际产出的增加则技术进步偏向于资本，反之技术进步则偏向

① Solow, Robert., "Investment and technological progress", In Kenneth Arrow, Samuel Karlin and Patrick Suppes, eds., *Mathematical Methods in the Social Sciences 1959*, Stanford, CA: Stanford University Press, 1960, pp.89-104.

② Hicks, J.R., *The Theory of Wages*, London, Macmilla, 1932.

于劳动。偏向技术进步理论明显放宽了中性技术进步理论关于资本与劳动要素边际产出之比不变的假定,使得技术进步在生产中的作用更加符合实际。因此,“偏向技术进步”理论越来越受到重视并得到不断发展。对于当前阶段的中国来说依赖于投资拉动的“粗放型”高速增长的福利已经消失,资源的浪费、环境的污染和经济结构失衡等经济问题迫使我国经济朝向高质量发展,经济增长重点已经由过去的“注重增量”转移到当前的“盘活存量”和“优化结构”上来。在产业结构和要素投入结构等经济结构的调整过程中,伴随的必然是技术进步结构的优化和技术进步方向的调整。因此技术进步方向理论的应用更契合中国经济面临的实际问题。国内技术进步方向的相关研究起步于对中国技术进步方向特征的测度,戴天仕,徐现祥①(2010)以技术进步方向的定义为基础考察了中国1978年至2005年的技术进步方向,结果表明中国技术进步方向在样本内的大多年份都是偏向资本的,类似的结论也不断得到后续研究的支持(董直庆等②,2013;郑东雅和皮建才③,2017;王林辉和袁礼④,2018)。然而技术进步方向的形成机制到底是怎样的,它受到哪些因素的影响呢?

阿西莫格鲁⑤(2002)首次深入地探讨了技术进步方向的产生根源,他在文中提出技术进步朝向何方向变化取决于哪个部门中间产品的研发利润

---

① 戴天仕、徐现祥:《中国的技术进步方向》,《世界经济》2010年第10期,第54—70页。

② 董直庆、王芳玲、高庆昆:《技能溢价源于技术进步偏向性吗》,《统计研究》2013年第6期,第37—44页。

③ 郑东雅、皮建才:《中国的资本偏向型经济增长:1998—2007》,《世界经济》2017年第5期,第24—48页。

④ 王林辉、袁礼:《有偏型技术进步、产业结构变迁和中国要素收入分配格局》,《经济研究》2018年第11期,第115—131页。

⑤ Acemoglu, D., “Directed technical change”, *The Review of Economic Studies*, No.4, Vol. 69, 2002.

更高，具体的可以分解为受到两种效应的影响：市场规模效应与价格效应，并且这两种效应是一种相互制约的关系，哪一种效应占主导取决于要素替代弹性，而所有影响到这两个效应的其他因素则可认为是影响技术进步方向的间接因素。然而该种以中间产品研发利润作为驱动技术进步方向主导因素的研究思路却未必完全适用于发展中国家，原因是西方发达国家的技术进步主要靠自主研发，因此以研发利润作为技术方向的主导具有一定的合理性。后续研究针对技术进步方向提出的影响因素大多基于上述的利润导向理论。一种观点认为要素价格扭曲能够度量要素价格偏离边际产出的程度，因此能通过价格效应影响到技术进步方向（易信等①，2013；罗知等②，2018），而知识产权保护则可以维护技术研发者的利益，一般知识产权保护程度越高则技术垄断厂商可通过规模效应享有更大市场规模的利润（阿西莫格鲁③，2003；杨飞等④，2014；刘钧霆等⑤，2023）；也有学者结合中国实际从政策导向视角论述了技术进步方向内因，政府对市场干预程度越大技术进步越偏向于资本（易信等，2013），国有经济比重则可以通过影响政策执行力进而影响到技术进步方向的调整（杨翔等⑥，2019），即便如此最

---

① 易信、刘凤良：《中国技术进步偏向资本的原因探析》，《上海经济研究》2013 年第 10 期，第 13—21 页。

② 罗知、宣琳露、李浩然：《国际贸易与中国技术进步方向——基于要素价格扭曲的中介效应分析》，《经济评论》2018 年第 3 期，第 74—89 页。

③ Acemoglu, D., "Patterns of Skill Premia", *The Review of Economic Studies*, No.2, Vol.70, 2003, pp.199-230.

④ 杨飞、程瑶：《南北贸易、产权保护与技能偏向性技术进步——论产权保护是否存在门槛效应》，《财经研究》2014 年第 10 期，第 59—70 页。

⑤ 刘钧霆、董丹丹、李凯杰：《知识产权保护与偏向性技术进步》，《贵州财经大学学报》2023 年第 5 期，第 31—40 页。

⑥ 杨翔、李小平、钟春平：《中国工业偏向性技术进步的演变趋势及影响因素研究》，《数量经济技术经济研究》2019 年第 4 期，第 101—119 页。

终仍无法回避因效益追逐导致技术方向发生了改变的根本原因,而发展中国家技术进步的来源则不仅依赖于自主研发,这也正是国内关于挖掘技术进步方向产生来源的研究成果仍然鲜见的主要原因。

改革开放以来尤其是自中国加入 WTO 之后,中国的经济增长与经济开放联系越来越紧密。周燕①(2009)较为完整地归纳了发展中国家在开放经济下技术进步的途径:通过购买专利等形式的直接技术转移、外商投资企业产生的外溢效应、进口产生的技术溢出渠道、出口产生的"干中学效应"等。以进出口贸易额为例,除受 2008 年国际金融危机影响小幅下降以外其规模一直稳步提升,近些年进出口总额占 GDP 比重在 50%左右。在经常受到关注的外商直接投资(FDI)和国际贸易等开放经济活动形式中,国际贸易对于转型时期中国来说往往更加重要。2013—2022 年中国进出口贸易额占 GDP 比重平均约为 35%,虽然相比前些年有所下降,但仍然是中国经济增长的重要推力。作为发展中国家的中国来说,国际贸易促进了经济增长的同时也促进了其技术的进步。中国虽然仍属发展中国家,但也恰恰运用自身所具备的"后发优势",实现了技术进步向发达国家的快速追赶甚至超越。很多前沿文献主要通过进口来分析国际贸易过程中的技术溢出效应,原因是进口相对于出口而言其技术溢出效应往往更加明显,很多先进技术会物化于进口产品中,从而对进口国技术进步带来更为直接的促进。考虑到技术进步方向是技术进步对不同要素或不同部门生产效率的非均衡促进故而技术进步方向应是一个结构化指标,解释技术进步方向变化的因素中细化和结构化的指标因素应该更有解释力。为此,需要将贸易品进行细分并分别从结构和规模两个方面深入探讨其对中国技

① 周燕:《国际贸易、R&D 溢出和发展中国家的技术进步》,厦门大学,博士学位论文,2009 年。

术进步方向的影响。

综上,本书需要关注的是:细分后中国商品进出口贸易的规模特征和结构特征是什么?各细分贸易指标是否是技术进步方向形成的关键因素,其对技术进步方向的影响机制分别是什么?细分贸易品结构和贸易规模是如何影响中国技术进步方向变化的?由此对中国经济造成什么样的深入影响?反过来应当如何对商品贸易结构和规模进行调整使其更加优化从而制定科学合理的贸易政策?对以上问题的深入探究都将具有重要价值。本书研究的意义可具体体现为:

其一,虽然现有关于技术进步的研究成果很多但大多集中于中性技术进步,而中性技术进步理论显见的缺点是其前提要求技术进步对各要素生产率均衡促进,而这种情形在现实中往往很难满足。与中性技术进步理论相比技术进步方向理论放松了假设前提,考虑到了技术在发展过程中对不同要素的差异化影响,因此研究技术进步方向变化将更能贴近现实。近些年来国内外学者已经运用技术进步方向理论解释了很多重要的经济和社会问题,比如:要素收入分配问题(Young①,2004;刘志恒、王林辉②,2015;王林辉、袁礼,2018)、技能溢价问题(Acemoglu,2003;Weiss③,2008;宋东林等④,2010;陈啸等⑤,

---

① Young,A.T.,"Labor's Share Fluctuations,Biased Technical Change,and the Business Cycle",*Review of Economic Dynamics*,No.4,Vol.7,2004,pp.916-931.

② 刘志恒、王林辉:《偏向型技术进步和我国要素收入分配——来自产业层面的证据》,《财经研究》2015年第2期,第88—98页。

③ Weiss,M.,"Skill-biased Technological Change:Is There Hope for the Unskilled?" *Economics Letters*,No.3,Vol.100,2008,pp.439-441.

④ 宋东林、王林辉、董直庆:《技能偏向型技术进步存在吗?来自中国的经验证据》,《经济研究》2010年第5期,第68—81页。

⑤ 陈啸、刘凤良、易信:《中性技术进步、技能偏向型结构转型与中国劳动技能溢价》,《宏观经济研究》2021年第5期,第5—19页。

2021)、环境质量问题(Acemoglu 等①,2012a;董直庆等②,2014;王林辉等③,2020)等。本书将中国的技术进步方向作为研究对象可为后续的各种技术进步方向的经济效应研究提供基础,因此具有重要的应用价值。

其二,现阶段技术进步理论研究已经不仅限于对其测度和反映,而将其做内生化处理并深入探究技术进步产生的原因则显得更为重要,由此便可以通过调整这些影响因素以实现最终促进技术进步的目的。现有关于技术进步方向产生根源的研究成果不多且多以发达国家为研究对象,相应理论必然是以发达国家国情为基础。以阿西莫格鲁(2002)为例,文章分析技术进步方向来源的主要根据是中间品研发利润高低主导技术进步方向,但该种思路未必完全适合分析中国这样的发展中国家。因此以发展中国家为视角在理论上重新分析其技术进步方向产生的来源显得格外必要,这方面的学术研究成果目前仍较为匮乏。

其三,通常发展中国家的技术进步主要来源有自主研发和技术引进两种方式,而后者是发展中国家发展初期更为主要的技术进步渠道。④ 鉴于中国经济对外经济联系越来越紧密,因此在国际贸易过程中伴随的技术溢出效应对中国技术进步方向的影响不容忽视。虽然阿西莫格鲁(2002,2003)系统地讨论了国际贸易对技术进步方向的影响,但需要注意的是本

---

① Acemoglu, D., Aghion, P., Bursztyn, L. and Hemous, D., "The environment and Directed Technical Change", *American Economic Review*, No.1, Vol.102, 2012a, pp.131-166.

② 董直庆、蔡啸、王林辉:《技术进步方向、城市用地规模和环境质量》,《经济研究》2014 年第 10 期,第 111—124 页。

③ 王林辉、王辉、董直庆:《经济增长和环境质量相容性政策条件——环境技术进步方向视角下的政策偏向效应检验》,《管理世界》2020 年第 3 期,第 39—60 页。

④ 此处的"技术引进"是一个广义的概念,可以理解为除自主研发外通过所有其他外部渠道如:直接购买专利、进口先进的机器设备等借助技术的外溢效应促进技术进步的方式。

书与其分析思路存在着本质的不同:前者以发达国家为视角,因此技术进步方向以中间产品厂商的研发动机为主导,国际贸易则通过价格效应与市场规模效应影响了中间品厂商的研发利润从而间接影响了技术进步方向。而本书是以发展中国家为对象,国际贸易对于发展中国家技术进步的影响途径主要是通过伴随贸易过程中的技术外溢效应。

其四,就笔者阅读所及现有关于中国技术进步方向产生来源的实证研究大多采用总量层面指标因素进行分析,而技术进步方向本身体现的是一种结构变化,因此本书采用系列结构化指标和细化指标分析中国技术进步方向更具合理性。具体的本书从生产过程和要素密集度两个维度对贸易品进行细分,测算各细分贸易品规模的同时还探究了两个维度下的中国资本品进出口贸易结构、中间品进出口贸易结构和最终产品进出口贸易结构,此外计算了要素密集度视角下的中国自主研发投入和外商投资等的规模和结构指标。① 由于数据并非能够直接获取而需要一定的间接测算,而国内鲜见与本书视角相同的相关研究,因此本书在测算和揭示中国细分贸易品规模和结构以及其他结构化指标特征方面具有特殊的理论和应用价值。

其五,在经济分析过程中,解释变量对于被解释变量的短期和长期影响是需要区分开来的,虽然两种影响作用方向有时相同但作用效果存在差别,而有时候两种影响甚至会存在作用方向相反的情形。现有关于中国技术进步方向的研究大多集中于比较静态的分析方法而忽略了前述提到的各因素对中国技术进步方向短期效应与长期效应的差别,在实证分析时也多是直接进行回归并关注相应的系数参数。本书在理论方面通过建立模型进行了短期的静态比较分析和长期的动态分析,在实证检验环节选择了与理论分

① 此处基于要素密集度视角的结构具体指的是资本密集型产品与劳动和资源密集型产品结构。

析相匹配的协整与误差修正模型分别进行了短期检验与长期检验。因此本书对于中国技术进步方向的变化可以提供更为深层和全面的解释。

二、研究方法、思路与框架

（一）研究方法

1. 文献研究法

文献研究法是一种通过对文献搜集、整理和甄别，并通过文献内容的研究而快速了解学科前沿的一种方法。本书通过对国内外大量的国际贸易与技术进步相关文献进行阅读、分析和归纳，以细分贸易品及其对技术进步的影响研究为重点研究对象，从而了解到与本书研究相关的前沿文献发展脉络，注意到现有研究仍然存在的不足之处和研究盲点，为本书理论分析中建立技术进步方向的影响机制模型和进一步运用计量经济分析方法进行实证检验奠定了基础。

2. 规范分析法

规范分析是以研究者的一定价值判断为前提，根据经济理论和现实经验对事物作出的一种主观推想。本书以规范分析方法为基础，推演了资本品贸易、中间品贸易和最终产品贸易对于发展中国家技术进步的影响，比如：资本品主要体现为机械设备，因此该类产品的进口必然会带来对进口国技术进步的直接促进；中间品是最终产品得以生产的前提，因此具有高技术含量的中间品会直接增加最终产品的附加值，同时进口国可以通过技术模仿等途径从而发挥中间产品的技术外溢效应，因此中间产品进口也会影响进口国技术进步；与前两者相比最终产品的进口则不会对进口国技术进步带来直接影响，但不能排除通过其他途径对其造成间接影响。以规范分析为基础本书确定了相关假设并最终建立了中国技术进步方向影响机制模型。

3. 静态分析与动态分析相结合

在经济现象的分析过程中静态分析、比较静态分析与动态分析是较常采用的三种不同手段。其中静态分析忽略了时间和变量变动的影响,适用于经济的一般均衡分析;比较静态分析虽然也不考虑时间对变量的影响,但是会考虑其中某一个变量(或其他外界条件)发生一次改变后对于均衡状态带来的影响;而动态分析的优势是把时间因素考虑进来研究经济系统在某段时间内的动态特征。本书在进行理论分析时同时综合运用了以上三种分析方法,建立了技术进步方向影响机制模型,其中在分析进口贸易结构对技术进步方向的短期效应时,本书采用的是静态分析和比较静态分析,而在探究进口贸易结构对技术进步方向造成的长期影响时则运用了动态分析方法。

4. 计量分析法

以文章前期建立的技术进步方向影响机制理论模型思想为基础,本书在后半部分选择运用了与之相匹配的不同计量方法进行实证检验。具体体现为:本书构建了关于进口贸易结构、自主研发结构和技术进步方向的计量经济模型。首先运用了单位根检验法(Augmented Dicky-Fuller)验证了进口贸易结构、自主研发结构和技术进步方向各变量的平稳性。而后运用约翰森协整关系检验(Johansen cointegration test)方法验证了技术进步方向与进口贸易结构、自主研发结构的长期均衡的协整关系,借助向量误差修正模型(VEC),同时讨论了进口贸易结构和自主研发结构对技术进步的短期影响与长期影响。运用格兰杰因果关系检验(Granger Causality Test)方法讨论了技术进步方向、进口贸易结构和自主研发结构等各变量之间的内生性问题。借助方差分解分析法测度各变量对技术进步方向变化贡献度。而在检验各细分贸易指标规模及其他因素对中国技术进步方向的影响时,考虑到主要解释变量之间存在多重共线性问题,酌情选择了岭回归(ridge regression)方法进行估计。

(二)研究思路与篇章安排

1. 本书的研究思路

对外贸易在中国经济发展的历史进程中一直发挥着重要作用,贸易规模的合理化与贸易结构的优化无疑是实现经济高质量发展的重要途径之一,以之为背景提出研究细分贸易品对中国技术进步方向影响的必要性。

首先通过相关理论与文献的梳理为本书奠定了理论基础和研究思路,其次通过建立技术进步方向的影响机制模型进行经济理论分析,为后面计量分析提供理论依据,再次运用描述性分析揭示了中国细分商品贸易规模、结构特征和技术进步方向特征以寻找彼此之间的相关规律,而后运用协整

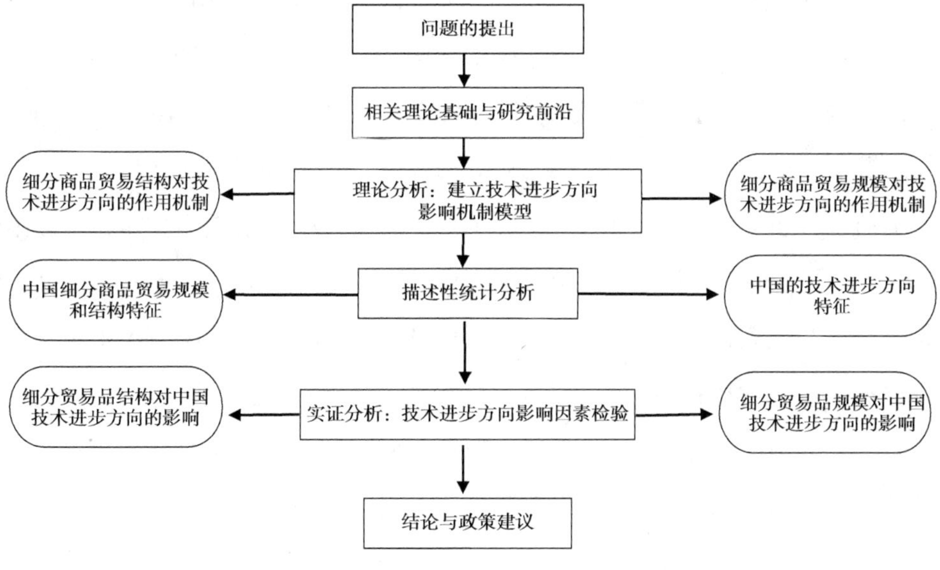

图 0-1　本书的研究思路

与误差修正模型等计量分析方法实证检验了各因素变量对中国技术进步方向的影响效应，最后总结并给出相应的建议。

2. 本书篇章安排

导论：首先交代了本书的选题背景和研究意义，其次介绍了采用的研究方法，研究思路与章节安排，最后点明了本书研究的难点所在、创新之处和对未来研究的展望。

第一章：贸易品细分与技术进步的相关理论基础及前沿。对与本书研究内容相关的国际贸易相关理论以及技术进步方向相关理论进行了总结，为文后建立技术进步影响机制的理论模型提供理论渊源和依据。此外本章从技术进步测度的相关研究、技术进步影响因素的相关研究和贸易品细分及其对技术进步影响的相关研究三个方面对现有文献进行梳理、总结和评述，从而明确本书研究领域的研究前沿、总结现有研究不足并最终确立本书的研究方向。

第二章：细分贸易品对技术进步方向的影响机理。在结构视角下，首先建立了封闭经济下生产与研发的两部门基本经济模型，并提出了相对增进型技术进步的一般化测度方法。其次以发展中国家为视角，通过静态分析方法揭示了中间品进口贸易结构对相对增进型技术进步的短期影响，而后运用动态分析方法揭示了中间品进口贸易结构对相对增进型技术进步的长期效应，最后进一步探讨了最终产品进口贸易结构对相对增进型技术进步的影响。在规模视角下，首先从进口和出口两个方面探讨各种类细分贸易品对技术效率的作用机制。而后建立兼顾自主研发和技术引进的适用于发展中国家的内生技术模型，数理演绎中间品和最终产品等细分贸易品如何通过“技术溢出”和“竞争效应”等不同渠道作用于技术进步方向。

第三章：中国的细分商品贸易与技术进步方向特征。本章首先从 BEC 分类数据的维度上揭示了中国的资本品、中间产品与最终产品进口结构，在

SITC 分类数据的维度上揭示了中国资本密集型产品与劳动密集型产品结构，基于 SITC 分类和 BEC 分类的二维数据计算并揭示了中国历年基于要素密集度视角划分的资本品、中间品和最终产品进口结构特征。其次，对中国各方面进口贸易结构分别进行了深入的影响因素分析，而后分别基于相对增进型技术进步和技术进步方向指数两种方法揭示了中国技术进步方向历年演变规律。最后在数理角度上对技术进步方向的决定因素给出深层说明。

第四章：细分贸易品对中国技术进步方向的影响：结构视角。首先对进口贸易结构与中国技术进步方向进行相关性分析。其次结合前文的技术进步影响机制理论模型思想，通过假设两部门技术市场均衡推导出了适用本书的计量经济模型并对模型中各指标的计算方法和数据来源给予说明。再次通过协整分析验证了资本品、中间品和最终产品进口贸易结构和自主研发投入结构与相对增进型技术进步的长期均衡关系，并借助向量误差修正模型同时检验了上述各因素对相对增进型技术进步的短期效应。而后运用长期和短期格兰杰因果关系检验对经济系统各指标进行内生性分析。最后结合方差分解分析法测度各因素变量对技术进步方向变化的贡献度。

第五章：细分贸易品对中国技术进步方向的影响：规模视角。首先，建立用于检验各细分贸易品规模的技术进步效应的计量经济模型，交代主要变量的测算方法以及所需数据获取途径；其次，运用岭回归分析方法分别对劳动密集型和资本密集型技术模型进行估计，实证检验各细分商品贸易规模及其他影响因素对资本和劳动密集型技术效率的影响。最后，结合理论模型和实证分析结果确定导致中国技术进步偏向于资本的主要因素和次要因素。

第六章：基本结论与政策建议。对前文理论分析与实证检验的结果进行系统的总结，参考前文分析结果确定相关联细分商品贸易结构与规模的调整方向和优化策略,为国家恰当和正确地引导技术进步方向提供政策建议。

三、本书的创新点与后续研究

(一) 本书的创新之处

本书从规模和结构两个视角深入分析了细分贸易品对中国技术进步方向的影响机理、影响过程和影响结果,其主要的创新点为:

第一,在理论分析方面的贡献体现为以下几个方面:首先,虽然国内已经开始出现挖掘中国技术进步方向产生来源的研究成果但仍处于起步阶段,而以贸易品细分为途径分析中国技术进步方向变化的相关文献几乎没有。因此本书选题新颖独特并为后续技术进步方向的相关研究提供了一个新的研究视角。其次,提出了增进型技术进步更为一般化的测度方法。阿西莫格鲁(2002)用各中间产品质量的简单平均来表达某部门的增进型技术进步水平,但该种方法一般仅适用于各生产部门经济均衡的情形,因此在某种程度上该种假设有些过强。本书提出的增进型技术进步一般化测度方法则是以生产规模为权重对各部门中间产品质量计算加权平均①,与阿西莫格鲁测度方法相比本书提出的增进型技术进步一般化测度方法更为合理,同时也可以适用于更为一般的情形。再次,现有分析技术方向影响机制的理论模型多以发达国家为视角,而从发展中国家角度出发建立更有针对性的理论模型则极为罕见。本书结合发展中国家技术进步来源特征,以物化于进口贸易品的技术外溢效应为切入点建立了适合于发展中国家的技术

① 类似的方向同样可见于阿西莫格鲁后期的其他系列文章。

进步影响机制模型,同时采用静态分析和动态分析等方法深入全面地探讨进口贸易结构对技术进步方向的短期效应和长期效应。且进一步打开了技术进步方向变化的黑箱,从规模视角全面探讨细分贸易品进出口对技术效率传导机制乃至对技术进步方向的作用机理。此外,现有关于技术进步方向产生来源的理论研究鲜见定量的数值分析,以阿西莫格鲁(2002,2003)为例,文章是通过比较封闭经济与贸易开放后的技术进步方向变化从而凸显国际贸易对技术进步方向的作用,却未定量揭示国际贸易对技术进步方向的影响程度。本书除建立理论模型外进一步定量研究了贸易细分引致技术进步方向变化的数值关系。

第二,本书计算了基于要素密集度的中国资本品进口贸易结构、中间品进口贸易结构、最终产品贸易结构和自主研发结构,该部分工作国内现有相关成果仍然鲜见。该项工作的难度在于以上指标数据并非可直接获取,尤其对于资本密集型产品和劳动密集型产品的划分尚未形成统一的标准。与本书工作略有相关的是盛斌、马涛(2008)将工业部门划分为六大类:初级产品部门、劳动和资源密集制造部门、低技术制造部门、中等技术制造部门、高技术制造部门和未分类部门,但文章却为重点考察基于要素密集度的贸易结构特征,而在数据的另一个维度上文章虽然提及了中间品,却未涉及资本品和最终产品相应情形。本书设计了一个划分资本密集型产品与劳动和资源密集型产品的标准,结合 SITC 分类和 BEC 分类的二维数据计算了基于要素密集度的中国进口贸易结构,此外进一步计算了基于要素密集度的中国自主研发结构,因此本书测算数据采用的方法和结果可以为国际贸易结构和研发结构的相关研究提供更广阔的思路和借鉴。

第三,在计量分析方法方面,目前有关中国技术进步方向的实证分析普遍采用的是回归分析并关注其系数的大小及显著性,而本书在实证检验贸易结构对技术进步方向的影响效应时,运用基于 VAR 的协整与向量误差修正模型作为分析手段好处有二:一方面,技术进步方向与进口贸易结构和研发投入结构等影响因素可能互为因果,因此如果采用简单的回归分析可能存在自变量内生性问题,而本书采用的方法是多方程模型并且允许变量间互为内生;另一方面,该计量方法可以避免伪回归问题并且能够同时讨论各影响因素对中国技术进步方向的短期与长期影响,使得对中国技术进步方向的分析更为全面和深刻。

(二) 本书的后续研究

应该注意到本书现有研究仍然存在着些许不尽如人意之处,需要笔者在未来的研究中进一步改善,比如:

1. 在中国技术进步方向影响机制理论模型建立后,鉴于模型参数过多且复杂等原因,本书并未结合中国实际给予相应的估计和校准,而只是进行了简单的数值模拟,虽然并未妨碍文章对于变量之间规律的揭示,但对于模型更为严谨和准确的模拟将是笔者一个重要的后续研究工作。

2. 指标恰当的设计和计算始终是计量分析的重要前提。本书在技术进步方向的测度上主要借鉴的是戴天仕、徐现祥(2010)的测算方法,虽然该方法几乎成为目前测度技术进步方向的主流方法,但笔者认为由于该测度方法基于 CES 生产函数导致了技术进步方向的确定对要素替代弹性过度依赖,即替代弹性是否大于 1 会直接影响到技术进步方向的正负,因此技术进步方向的测度仍然是值得笔者进一步研究的课题。类似的,本书在计算资本品、中间品和最终产品贸易结构时使用的是 SITC 三位数数据,如果能够细化到五位数将会使得结果更为准确,但这也将同时大大增加数据收集和处理难度。

3. 本书在基本的计量模型中只考虑了各细分贸易品和自主研发结构等少数的结构化指标,其重要原因之一是自变量过多会造成计量模型自由度的损失而影响模型估计。因此其他因素对技术进步方向影响的理论分析和实证分析则是笔者未来可能关注的方向。

4. 本书在估计误差修正模型时由于数据长度的限制导致只能将模型的滞后阶数确定为一阶,虽然没有妨碍对短期变量之间作用方向的判定,但由于滞后期数较少仍然在一定程度上影响了信息获取的全面性,并成为本书略有缺憾之处。

5. 在检验各细分贸易品规模对技术进步方向的影响时,由于变量之间存在多重共线性而不得已选择了岭回归方法进行估计,由此必然会造成一部分变量信息的损失。

第一章　贸易品细分与技术进步的相关理论基础及前沿

本章主要分为两部分内容：第一部分首先对本书涉及的贸易品细分（国际贸易结构）相关理论进行了回顾，以期对中国贸易品细分的规模和结构特征寻求理论依据。① 其次对于技术进步方向理论做了较为系统的整理和分析，从而为本书后面建立技术进步方向影响机制模型和实证分析的指标设计奠定基础。第二部分则从技术进步测度的相关研究、技术进步驱动因素的相关研究和贸易品细分及其技术进步效应研究三个方面对现有研究成果进行梳理，并对文献进行总结和评述从而最终确定本书的研究方向和研究重点。

第一节　相关理论基础

一、贸易品细分的相关理论

一个国家应该从哪些国家进口哪些商品以及面向哪些国家出口什么样

① 一般而言贸易品细分是测算国际贸易结构的先决条件，因此与国际贸易结构相关的理论研究都涉及了不同的贸易细分方法。

的商品对于该国经济的发展至关重要，而以上问题归根结底是该国的贸易结构的优化问题。张曙霄(2002)①较为全面地阐述了国际贸易结构的三种不同划分方式：其一是对外贸易商品结构，包括有形商品结构和无形商品结构；其二是对外贸易方式结构，包括一般贸易、加工贸易和其他贸易；其三是对外贸易区域结构，包括外部区域结构和内部区域结构。贸易结构问题的本质是从不同角度对贸易品数量的不同比例划分，然而贸易结构调整问题则主要取决于国家的国际贸易倾向，从这个角度来看，从古典国际贸易理论到新古典贸易理论再到现代国际贸易理论虽然解释的是国际贸易为何会发生，但也无疑代表了内生化国际贸易结构理论的发展。下面将对国际贸易理论进行一个简单的回顾以挖掘国际贸易结构产生的深层原因。

（一）古典国际贸易理论

1. 重商主义

重商主义理论大约诞生于欧洲的15世纪，较早地系统论述了国际贸易理论并提出相应国际贸易主张。其主要观点是将国际贸易行为看作是一种“零和博弈”，即贸易时一方获利另一方必然受损。并且重商主义将金银货币作为财富的象征，卖出货物换取金银则被认为是对财富的积累，因此无论是早期的重商主义还是后期的重商主义都更强调鼓励出口抑制进口和主张国际贸易的顺差。

2. 绝对优势理论

英国经济学家亚当·斯密在《国富论》中批判了重商主义理论并提出了绝对优势理论，认为重商主义将货币作为财富的观念是错误的，货币只能用来交换货物，而货物除了交换货物外还有很多其他的用途，在国际贸易过

① 张曙霄：《中国对外贸易结构问题研究》，东北师范大学，博士学位论文，2002年。

程中贸易双方并非零和博弈而应该是双赢,因此也不应该过于强调出口和顺差。斯密的绝对优势理论指出通过劳动分工可以提高劳动生产率,因此一直从事某类产品生产可以降低该类产品的生产成本并用于和其他产品的生产者进行交换,在交易过程中双方都是获利的,此原理上升到国家层面也是同样适用的。

3. 比较优势理论

绝对优势理论要求贸易双方在各自生产的产品生产中具有绝对的优势,在现实中发达国家相对于发展中国家可能在每一种产品生产上都具有绝对优势,然而两个国家之间的国际贸易还是发生了。英国经济学家李嘉图(Ricardo)1817 年在其著作《政治经济学及赋税原理》中以绝对优势理论为基础提出了比较优势理论,该理论指出只要两国之间商品生产的劳动生产率存在着相对差异(比较优势),则在两国之间开展贸易仍然是双赢的。哈勃勒(Haberler)于 1936 年进一步完善了比较优势理论并提出机会成本理论或比较成本理论,该理论将由于生产某一种产品而需要放弃的另一种产品生产数量看作机会成本,如果某国在生产某种产品时具有更低的机会成本则可认为该国在这种产品生产上具有比较优势,由于机会成本理论并未将生产要素限定为劳动要素并逐渐成为后续国际贸易理论分析的基础。与绝对优势理论相比,比较优势理论将贸易范围扩大到了经济发展水平各异的国家之间,因此更具有普遍的适用性。

(二)新古典国际贸易理论

比较优势理论假设前提之一是将劳动作为唯一的生产要素,而在现实生产过程中还有很多其他生产要素的作用不容忽视。赫克歇尔(Heckscher)于 1919 年发表了《外贸对收入分配的影响》,文章指出一国在与其要素禀赋相匹配的要素密集型产品生产上更具有比较优势,因此国际贸易产生的基础是国家之间生产要素的相对丰裕度存在差异或要素投入比例存在差异，该理论即所谓的要素禀赋理论。其学生俄林（Ohlin）在其 1924 年发表的《贸易理论》中进一步完善了赫克歇尔提出的要素禀赋理论，因此要素禀赋理论又可以称为赫克歇尔—俄林理论或 H-O 模型。要素禀赋一方面是从生产要素视角为比较优势理论提供了新的解释，另一方面强调自由贸易和最优的生产要素配置具有较为明显的新古典主义特点。因此要素禀赋理论可以看成是比较优势理论的进一步发展并成为新古典国际贸易理论的代表。

（三）现代国际贸易理论

1. 技术差距理论

传统的国际贸易理论往往只考虑劳动要素（比较优势理论）或劳动与资本要素（要素禀赋理论）却忽略了技术进步在生产中的作用，而从新经济增长理论可知技术因素在生产过程中的作用更为巨大。美国学者波斯纳（Posner）于 1961 年在论文《国际贸易与技术变化》里首次论述了技术差距理论。该理论指出，如果一国通过不断地进行研究与发展投资则可以在某个行业或某类产品上取得突破从而成为该领域的技术领先者，如果同一时期其他国家在该领域内并没有技术上的进展，此时该国便与其他国家产生了技术差距。技术领先国可以凭借该领域技术优势向其他国家出口该技术类产品并在一段时期内享有垄断利润。然而波斯纳也指出技术领先国并非会永远享有该垄断利润，经历一段时期后其他国家会通过技术模仿等手段获取该项技术从而不断缩小技术差距，技术差距的消失意味着丧失了贸易基础，因此其他国家会停止向原技术领先国进口该种产品而当完全掌握该项技术后甚至会对外出口。

2. 产品生命周期理论

美国经济学者弗农（Vernon）于 1966 年发表了《产品生命周期中的国

际投资与国际贸易》一文,文章对技术差距理论进行了扩展并提出了产品生命周期理论。弗农指出产品和其他事物一样也具有生命周期,即会经历从产生到成熟再到衰退的过程,具体的可以将产品生命周期划分为三个不同阶段:新产品阶段、成熟阶段和标准化阶段。在新产品阶段只有少数的发达国家进行新产品的研发活动,由于在这个时期研发国家需要投入大量的研发资金和科研人员,因此此时该种产品属于技术或知识密集型产品。随着研发的投入该种产品的生产技术日趋成熟,此时产品逐渐过渡到成熟阶段。处于成熟阶段的产品由于技术的成熟已经不需要大量的研发投入且可以依靠大量的机器设备进行生产,因此该阶段的产品属于资本密集型产品,与技术来源国家生产条件接近的其他发达国家可以通过购买技术专利等途径从事该产品的生产。而当产品进入标准化阶段产品的生产技术趋于标准化、规范化和简单化,机械设备等资本价格随之降低而劳动要素的作用逐渐凸显出来,因此处于该阶段的产品为劳动密集型产品。随着利润的下降和产品要素密集度的变化,发达国家退出了国内该种产品的生产重心,由发达国家转移到了发展中国家。产品生命周期理论指出了产品处于不同阶段要素密集度会发生变化,由此比较优势会发生转移从而导致了技术的外溢和各国贸易结构的变化,因此该理论可以看成是比较优势理论和技术差距理论的扩展并具有重要价值。

3. 产业内贸易理论

前述系列国际贸易理论主要用于解释贸易双方交易不同种产品,贸易基础主要来源于彼此在生产过程中具有的差异。然而第二次世界大战以后国际贸易格局出现了新特征:发达国家之间贸易量占比逐渐加大,甚至出现了同一行业或同种商品同时存在进出口的现象。此时原有的比较优势和要素禀赋等传统国际贸易理论已经无法作出解释,为此逐渐形成了针对解释该种新现象的产业内贸易理论,该理论的代表人物有克鲁格曼(Krugman)、

戴维斯(Davids)、格鲁贝尔(Gruber)等。具体解释产业内贸易产生的原因主要有以下几个角度:

(1)产品的差异性

一种情形是产品无差异或完全同质的时候在两国之间互有进口与出口发生,这种情况完全与传统的国际贸易理论建立的贸易基础相背离。相关的产业内贸易理论给出的解释是一方面可能是因为地理因素,如果本国该种产品的生产地位置与本国该产品的消费地更远而与贸易国该产品消费地更近,则本国可能会倾向于将该商品出口给该贸易国,如果贸易国对本国存在同样的情形则也会将其生产的该种产品出口给本国。另一方面导致无差异商品贸易的原因可能是季节因素,如果本国产品处于生产旺季时会出现大量产品剩余,而此时如果另一国该种产品生产正处于淡季供给不足则本国很有可能向该国出口这种商品,反过来如果本国该种产品处于淡季而对方国家供给过剩时本国会进口该产品。另一种情形是两国之间进出口的产品存在差异性,但产品仍然属于同一产业内部或同类产品,因此仍然属于产业内贸易的范畴,这种情况与第一种情况相比更为普遍。由于产品存在着差异性,因此具有不同的使用价值可以满足消费者需求的多样性,从而使得国际贸易成为可能。

(2)规模经济

规模经济是指如果生产要素以某一比例持续增加则产出增长率会高于该要素增长率的情形,通常也可将其称为规模报酬递增。在规模经济的假设下一国会更倾向于生产单一产品,这样会使得生产效率越来越高和生产成本不断下降,从整个国际社会来看每个国家都参与了国际分工。然而另一方面消费者的需求仍然是多元化的,因此只有通过国际贸易的途径满足该种消费的多样化需求。

(3)需求相似

传统的国际贸易理论如比较优势理论和要素禀赋理论都是从供给面

分析国际贸易产生的原因,而瑞典的学者林德(Linder)指出这些传统贸易理论不能用于分析发达国家之间最终产品贸易产生的原因,并从需求视角提出了需求相似理论。林德认为一国生产何种产品首先取决于国内对产品的需求,当国内需求不足而生产过剩时才会考虑对外出口。此时与本国产品需求偏好最为相似的国家则成为出口的首要选择对象。影响需求的最主要因素应该是人均收入,因此与本国人均收入相近的国家更容易成为贸易对象,由此便解释了发达国家之间存在大量最终产品贸易的事实。

二、技术进步的相关理论

(一)早期的技术进步研究

由于技术进步对经济增长具有不可替代的重要作用,从熊彼特提出"技术创新"理论开始,对技术进步进行的研究一直以来就成为经济理论研究的热点。关于技术进步的早期研究大多集中在希克斯中性技术进步。假设经济中有资本 K 和劳动 L 两个要素,A 表示技术,若生产满足希克斯中性技术进步则生产函数可以表示成 $F(A,K,L)=AF(K,L)$,可以看出此时技术进步对于资本效率与劳动效率的贡献度是相同的。20 世纪 90 年代中后期开始,无论是发达国家还是发展中国家随着资本的大量投入,经济高速增长的同时全要素生产率却在下降。不容置疑的是技术一直在不断地进步,其在经济增长过程中亦应一直发挥着积极作用,究其原因是技术进步不应该只是游离在生产要素之外的希克斯中性技术进步而更应该与生产要素相结合。与劳动要素相结合的中性技术进步为劳动增进型技术进步或哈罗德中性技术进步,其生产函数形式为 $F(A,K,L)=F(K,AL)$,哈罗德中性技术进步在以索洛为代表的新古典经济增长理论模型中得到了广泛的应用。与资本要素相结合的中性技术进步则可称为资本增进型技术、资本体现式技术进步或索洛中性技术进步,其生产函数形式为 $F(A,K,L)=F(AK,L)$。众所周知,在经济发展初期投资可以实现资本积累并带动相关产业升级,在推动我国经济增长的三驾马车中投资一直以来亦是对其贡献最大,因此与资本相融合的技术进步形式不断得到学者的重视:早期的戈登①(Gordon,1979,1990)设计了不变质量价格指数,而后对美国 1948—1983 年投资品的不变质量价格指数进行估计,从而最终揭示了资本体现式技术进步在经济发展中的作用;柏高②(Pakko,2002a,2002b)运用链式加权的方法计算美国在 1954—2001 年的真实投资与价格指数序列,结果表明:总体上看美国资本体现式技术进步能够解释经济增长的 60%—68%,但其在不同发展阶段体现出不同特征,在 1954—1977 年资本体现式技术进步仅能解释经济增长的 38%,而在 1978—1983 年则几乎解释了全部的经济增长。国内学者在资本体现式技术进步的研究起步较晚,但仍然做了相关的理论探讨与结合中国实际的实证研究(王林辉、宋冬林、董直庆③,2009;王林辉、董直庆④,2010;

---

① Gordon, R.J., "Energy Efficiency, User-Cost Change, and the Measurement of Durable Goods Prices", *NBER Working Paper*, w.0408, 1979, pp.1-17; Gordon, R.J., *The Measurement of Durable Goods Princes*, Chicago: University of Chicago Press, 1990, pp.1-234.

② Pakko, M. R., " Investment - Specific Technology Growth: Concepts and Recent Estimates", *The Federal Reserve Bank of St. Louis Working Paper*, 2002a, pp.3-16; Pakko, M.R. "The High-Tech Investment Boom and Economic Growth in the 1990s: Accounting for Quality", *The Federal Resere Bank of St.Louis Working Paper*, 2002b, pp.2-7.

③ 王林辉、宋东林、董直庆:《资本体现式技术进步及其对经济增长的贡献率:一个文献综述》,《经济学家》2009 年第 12 期,第 84—91 页。

④ 王林辉、董直庆:《资本体现式和中性技术进步路径选择:基于我国制造业面板数据的实证检验》,《东北师大学报》2010 年第 6 期,第 49—54 页。

宋冬林,王林辉,董直庆[①],2011)。李子奈等[②](2000)运用要素的相对产出弹性对中性技术进步的三种类型做了较为明确的区分:假设 ω 代表劳动与资本的产出弹性之比,即 $\omega = E_L/E_K$,其中 E_L 为劳动产出弹性, E_K 为资本产出弹性。若技术进步时 ω 不变则此时技术可以统称为中性技术进步,在中性技术进步里如果 K/L 不随时间变化则为希克斯中性技术进步,如果 Y/L 不随时间变化则为索洛中性技术进步,如果 Y/K 不随时间变化则为哈罗德中性技术进步。

(二)技术进步方向理论

虽然中性技术进步在技术进步的研究发展中很长时间占据主导地位,但是其对经济的假设较强,比如希克斯中性技术进步反映的情形是:在要素投入比不变时,技术的进步对资本与劳动两要素边际生产率的贡献相同,这显然不能完全反映并契合技术进步在生产中实际发挥的作用。因此随着研究的深入"中性技术进步"理论逐渐被一种新的技术进步理论所替代——技术进步方向理论。事实上,希克斯早在 1932 年就曾对技术进步方向做过定义:技术进步的方向取决于技术进步更有利于资本边际产出还是劳动边际产出,如果更有利于资本边际产出增加则技术进步偏向资本,反之技术进步则偏向劳动。也许由于当时"中性技术进步"理论正当其道,技术进步偏向理论尚缺乏严密的理论演绎和微观基础,同时受到计量方法的限制等原因早期的偏向技术进步理论并没有受到充分的关注。

---

① 宋冬林、王林辉、董直庆:《资本体现式技术进步及其对经济增长的贡献率(1981—2007)》,《中国社会科学》2011 年第 2 期,第 91—106 页。

② 李子奈:《计量经济学》,高等教育出版社 2000 年版。

阿西莫格鲁(2002)以希克斯定义为基础并将生产要素扩展为劳动要素和其他要素(可以认定为资本、技能劳动或土地),首次较为全面地探讨了技术进步的方向性问题并对其做了内生化解读,提出技术进步的方向主要决定于不同研发部门的利润激励,并以之为基础建立了有关技术进步偏向性的内生模型。文章假设生产函数为 $F(L,Z,A)$,L 为劳动要素,Z 为其他生产要素,A 是技术进步,则如果 $\partial \frac{\partial F/\partial L}{\partial F/\partial Z}/\partial A > 0$ 即技术进步使得 L 要素的边际产出增加比例高于 Z 要素则可称技术进步为 L 偏向型技术进步,反之则为 Z 偏向型技术进步。阿西莫格鲁以 CES 生产函数为例进行分析进一步表明了增进型技术进步和偏向型技术进步的关系:若要素替代弹性大于 1 即两要素之间是替代关系时相对增进型技术进步与偏向型技术进步变化方向一致,而若要素替代弹性小于 1,两要素之间呈互补关系时则相对增进型技术进步与偏向型技术进步变化方向相反。要素替代弹性等于 1 时生产函数退化为 C-D 生产函数,此时不存在技术进步偏向性问题。笔者将各时期各类技术进步特点和形式归纳如表 1-1 所示。

表 1-1 技术进步的分类与性质

	生产函数	Y,K,L 的关系	要素相对边际产出
希克斯中性技术进步	$Y=F(A,K,L)=AF(K,L)$	K/L 不变	不变
哈罗德中性技术进步	$Y=F(A,K,L)=F(K,AL)$	Y/K 不变	无限制
索洛中性技术进步	$Y=F(A,K,L)=F(AK,L)$	Y/L 不变	无限制
L 偏向型技术进步	$Y=F(A,Z,L)$	无限制	偏向于 L
Z 偏向型技术进步	$Y=F(A,Z,L)$	无限制	偏向于 Z

第二节　学术研究进展

一、技术进步测度的相关研究

（一）中性技术进步的测度

早期对技术进步的测度方法主要是在C-D生产函数中引入时间趋势项来度量技术进步对于生产的累加促进效应，这个时期如丁伯根（Tinbergen①，1942）、斯蒂格勒②（Stigler，1947）等经济学家大多采用此种方法研究技术进步对经济增长的作用。索洛（1960）为了测度技术进步把生产过程中除了资本与劳动两个要素以外“余下的部分”对生产所做的贡献看作是技术进步的作用，即通常所谓的“索洛余值法”。乔根森和格里克斯③（Jorgenson和Griliches，1967，1972）等代表性学者或者对生产要素进行更细致划分或者采用更先进的生产函数估计方法延续并发展了索洛余值法。为了定量测算技术进步，国内外很多学者主要通过计算全要素生产率（TFP）来代替技术进步，从早期的C-D函数法、艾布拉姆威兹（Abramvitz）的代数指数法到20世纪80年代由美国经济学家桥根森提出的超越对数生产函数法，全要

① Tinbergen.，“On the Theory of Long-term Economic Growth”，*Weltwirschaftliche Archiv*，No.55，1942，pp.511-549.

② Stigler，G.J.，“Notes on the History of the Giffen Paradox”，*Journal of Political Economy*，No.2，Vol.55，1947，pp.152-156.

③ Jorgenson，D.W.，Grilighes，Z.，“Issues in Growth Accounting：A Reply to Edward F.Denison”，*Survey of Current Business*，No.5，Vol.52，1972，pp.65-94；Jorgenson，D.W.，Grilighes，Z.，“The Explanation of Productivity Change”，*Review of Economic Studies*，No.34，1967，pp.249-281.

素生产率的测算方法一直在不断发展。近年来部分学者意识到参数方法要求具体生产函数形式的局限,开始转而通过半参数和非参数的方法研究生产率的测算,其中以卡夫、克里斯滕森和迪耶梅尔(Caves,Christensen 和 Diewert)在 1982 年提出的以 DEA 为理论基础构造的曼奎斯特(Malmquist)生产率指数方法测算全要素生产率最为常见。DEA 方法可以不考虑生产函数的具体形式,对全要素生产率的增长率进行估计,并且能同时分解出中性技术进步率、投入非中性技术进步率以及产出非中性技术进步率。这个方法得到了国内很多学者的大量应用,比如刘舜佳①(2008)运用 DEA 方法对中国 1952 年至 2006 年 27 个省份的全要素生产率进行测算,其分析结果发现中国全要素生产率呈下降趋势,并且改革开放后比开放前更明显,东部地区比西部地区更明显,而后通过 27 个省份的面板数据的协整检验与误差修正模型检验讨论了 FDI 与国际贸易对全要素生产率的长短期因果关系;刘秉镰②等(2009)通过基于 DEA 模型的曼奎斯特指数方法对中国 1990 年至 2006 年 196 个主要城市全要素生产率的变化特征进行了分析,其研究结果表明:26 年间中国城市全要素生产率增加了 2.8%,该增长主要来源于技术改进,而技术效率变化对全要素生产率起抑制作用;鉴于曼奎斯特指数方法估计全要素生产率不需限定生产函数具体形式的优点,时至今日仍不失为测度技术进步的一种重要方法,并且受到很多研究领域学者的青睐(孙巍③,

---

① 刘舜佳:《国际贸易、FDI 和中国全要素生产率下降——基于 1952—2006 年面板数据的 DEA 和协整检验》,《数量经济技术经济研究》2008 年第 11 期,第 28—39 页。

② 刘秉镰、李清彬:《中国城市全要素生产率的动态实证分析:1990—2006——基于 DEA 模型的 Malmquist 指数方法》,《南开经济研究》2009 年第 3 期,第 139—152 页。

③ 孙巍、张屹山:《工业经济增长方式转变程度的区域性特征》,《中国软科学》2002 年第 10 期,第 99—103 页。

2002;周端明①,2009;邵军②,2010 等)。

(二) 偏向技术进步的测度

随着技术进步方向理论的发展,很多学者将研究重点投入到技术进步偏向性水平的测度上来。戴维和克伦德特③(David 和 Klundert,1965)以 CES 生产函数为基础,通过美国 1899—1960 年的历史数据测算了技术进步偏向性问题,并得到了美国技术进步整体上偏向资本的结论,相近历史时期的其他研究如萨托④(Sato,1970)和卡尔特⑤(Kalt,1978)也得到了类似结论。克伦普等人⑥(Klump 等,2007,2008)运用"标准化系统法"分别计算了 1953 年至 1988 年的美国技术进步偏向水平和 1970 年至 2005 年欧盟的技术进步偏向水平,研究结果表明两个区域的技术进步都是偏向资本的。萨托和莫里塔⑦

① 周端明:《技术进步、技术效率与中国农业生产率增长——基于 DEA 的实证分析》,《数量经济技术经济研究》2009 年第 12 期,第 70—82 页。

② 邵军、徐康宁:《我国城市的生产率增长、效率改进与技术进步》,《数量经济技术经济研究》2010 年第 1 期,第 58—66 页。

③ David and Klundert.,"Biased Efficiency Growh and Capital-Labor Substitution in the U. S.,1899-1960",*The American Economic Review*,No.55,1965,pp.357-394.

④ Sato,R.,"The Estimation of Biased Technical Progress and the Production Function",*International Economic Review*,No.11,1970,pp.179-208.

⑤ Kalt,J.P.,"Technological Change and Factor Substitution in the United States:1929-1967",*International Economic Review*,No.19,PP.761-775,1978,pp.761-775.

⑥ Klump,R.,McAdam,P.,Willman A.,"Factor substitution and factor-augmenting technical progress in the United States:A normalized supply-side system approach",*The Review of Economics and Statistics*,No.1,Vol.89,2007,pp.183-192.

⑦ Sato,R.,Morita T.,"Quantity or Quality:the Impact of Labour Saving Innovation on US and Japanese Growth Rates,1960-2004",*The Japanese Economic Review*,2009,60,(4),pp.407-430.

(Sato 和 Morita,2009)在研究 1960 年至 2004 年的日本和美国经济增长时发现两个国家技术进步偏向于资本。拉瓦尔①(Rava,2019)指出美国企业规模、扩展速度和出口规模等因素导致劳动增强型生产率广泛存在差异,从而为偏向型技术进步的存在提供证据。德米尔②(Demire,2020)通过美国、智利等五个国家的企业数据将劳动增强型生产率纳入非参数生产函数中,研究表明在不同经济体中大多数存在偏向型技术进步。技术进步偏向性的研究在国内虽然起步较晚,却越来越受到国内学者的重视。黄先海和徐圣③(2009)对中国劳动密集型部门和资本密集型部门劳动收入占比进行分解,结果表明资本深化能提高劳动收入占比,但与之相比劳动节约型技术进步则是两部门劳动收入占比下降的更为重要的因素。戴天仕和徐现祥(2010)基于阿西莫格鲁(2002)对技术进步方向的定义通过构造技术进步偏向性指数定量研究了中国的技术进步方向,结果表明中国的技术进步在 1978 年至 2005 年大多是资本偏向型的,同时该技术进步偏向资本的趋势将越来越明显。宋东林、王林辉、董直庆等(2010)通过中国 1978—2007 年的时间序列数据,定量考察了中国技术进步的技能偏向特征,同时对中性、非中性和资本体现式的各类技术进步类型做了进一步的分类检验,表明我国技术进步兼具物化和技能偏向双重特性。雷钦礼④(2013)提出了一套测度技术进步偏向性的系统方法并计算了中国 1991 年至 2011 年技术进步偏

① Raval, D.R., "The Micro Elasticity of Substitution and Non-neutral Technology", *Rand Journal of Economics*, No.1, Vol.50, 2019, pp.147-167.

② Demirer, M., "Production Function Estimation with Factor-augmenting Technology: An Application to Markups", *Manuscript*, 2020.

③ 黄先海、徐圣:《中国劳动收入比重下降成因分析——基于劳动节约型技术进步的视角》,《经济研究》2009 年第 7 期,第 34—45 页。

④ 雷钦礼:《偏向性技术进步的测算与分析》,《统计研究》2013 年第 4 期,第 84—91 页。

向程度,结果表明中国劳动生产率逐年提高而资本生产率在 1995 年以后持续下降,因此这期间中国技术进步体现为劳动节约型。在产业层面的技术进步方向测度方面,钟世川、刘岳平①(2014)对中国 1978 年至 2011 年工业的技术进步方向进行了测算,结果表明工业技术进步方向在 1987 年之前偏向劳动而之后偏向于资本。王林辉、袁礼(2012)运用三方程标准化系统法基于 CES 生产函数对中国各产业技术进步方向进行了计算,结果显示中国各产业都呈现出技术进步偏向特征。在中国各区域技术进步方向测度方面,李太龙等②(2015)通过 1978 年至 2012 年长三角地区数据对浙江、江苏和上海的技术进步方向进行了计算,结果显示长三角地区的技术进步呈现出偏向资本特征且高于全国的平均水平。孙焱林,温湖炜③(2014)基于 CES 生产函数运用标准化供给面系统法测算了 1978 年至 2012 年中国各省份技术进步偏向水平,结论是中国各省的技术进步方向偏向资本现象较为普遍,尹恒等④(2023)通过在生产函数中同时引入希克斯中性生产率和劳动增强型生产率从微观层面识别和估计了技术进步方向,结果显示,样本期内中国制造业技术进步具有明显的偏向特征,并且有偏技术进步对产出的相对贡献不断提高。

① 钟世川、刘岳平:《中国工业技术进步偏向研究》,《云南财经大学学报》2014 年第 2 期,第 64—73 页。

② 李太龙、朱曼、王志斌:《长三角地区技术进步偏向的测算与分析》,《浙江理工大学学报》2015 年第 10 期,第 363—370 页。

③ 孙焱林、温湖炜:《中国省际技术进步偏向测算与分析:1978—2012 年》,《中国科技论坛》2014 年第 11 期,第 120—125 页。

④ 尹恒、李辉、张道远:《中国制造业技术进步方向的识别与估计》,《经济研究》2023 年第 4 期,第 58—76 页。

二、技术进步产生来源的相关研究

本书将技术进步的来源分为两个方面：其一是通过自主创新即依靠自身努力获得原创性成果从而推动技术发展，其二是通过技术引进的途径借助技术的外溢效应促进技术进步。对于发展中国家来说后者更为重要同时也是本书关注的重点，就笔者阅读所及现有关于技术进步外溢效应的研究主要集中于两个途径：外商直接投资和国际贸易，下面主要将从这两个方面对相关研究进行梳理。

（一）外商直接投资对技术进步影响

关于 FDI 的技术进步效应研究始于 20 世纪 60 年代，麦克杜格尔①（MacDougall，1960）在分析 FDI 的一般福利效应时，首次提出外商直接投资具有技术的扩散效应。卡夫②（Caves，1974）认为跨国公司对被投资国家存在三个方面的影响：其一是跨国公司可以提高被投资国家的资源配置效率；其二是外来企业可以为本土企业起到示范作用从而促进本土技术进步；其三是外来企业的加入会由于竞争等原因使得技术扩散速度增加。类似的克兹米等③（Koizumi 等，1977）创造了基于资本流动原理的技术溢出模型，运用该模型作者研究了外商直接投资的作用和影响因素并

① MacDougall，G.D.A.，"The Benefits and Costs of Private Investment from Abroad：A Theoretical Approach"，*Economic Record*，No.36，1960，pp.13-35.

② Caves，R.E.，"Multinational Firms，Competition and Productivity in Host Country Markets"，*Economica*，No.41，1974，pp.176-193.

③ Koizumi，T.，Kopecky，K.J."Economic growth，capital movements and the international transfer of technical knowledge"，*Journal of International Economics*，February，1977，pp.45-65.

提出 FDI 可以促进资本边际产出从而促进该国的资本积累水平。托达罗①(Todaro,1985)指出经由 FDI 被投资国家可以获取很多资源,如技术、管理经验、技能人才等。随着研究的深入,学者们逐渐将研究重点转到挖掘影响 FDI 技术溢出效应的影响因素上来。一部分研究认为投资国与东道国间的技术差距会影响 FDI 的技术溢出效应。格申克龙②(Gerschenkron,1962)、芬德利③(Findlay,1978)等均认为技术差距越大,越会促进 FDI 的溢出效应。然而也有学者持相反观点,如科高等④(Kokko 等,1996)认为只有技术差距小,落后国才更具学习能力来追赶发达国家同时 FDI 的溢出效应才更明显。有的研究从被投资国家吸纳能力视角进行论述。拉尔⑤(Lall,1992)强调在跨国公司的先进技术发挥外溢效应时,被投资国家的人力资本情况发挥的作用巨大并直接影响了该国对先进技术的吸收能力。利乌等⑥(Liu 等,2000)发现溢出效应和本地企业的吸收能力呈现显著正相关,这意味着具有较高吸收能力的国内企业更容易从同行业跨国公司处获益。

---

① Todaro,M.,*Economic Growth in the Third World*,Longman,London,1985.

② Gerschenkron,A.,*Economic Backwardness in Historical Perspective*,*Cambridge*,MA,Harvard University Press,1962,pp.5-30.

③ Findlay,Ronald.,"Relative Backwardness,Direct Foreign Investment,and the Transfer of Technology:A Simple Dynamic Model",*Quarterly Journal of Economics*,No.62,1978,pp.1-16.

④ Kokko A.,Tasini,R.and M.Zejan,"Local technological capability and productivity spillovers from FDI in the Uruguayan manufacturing sector",*Journal of Development Studies*,No.32,pp.602-611,1996,pp.602-611.

⑤ Lall S.,"Technological Capabilities and Industrialization",*World Development*,No.20,1992,pp.165-86.

⑥ Liu,X.,Siler,P.,Wang,C.and Y.Wei.,"Productivity Spillovers from Foreign Direct Investment:Evidence from UK Industry Level Panel Data",*Journal of International Business Studies*,No.3,Vol.31,2000,pp.407-425.

此外，一些研究提出诸如东道国的制度环境（Amy Jocelyn Glass，Kamal Saggi①，2002）、经济环境和产业特征（Kokko②，1994；Sjoholm③，1999），都会不同程度地对FDI的技术溢出效应造成影响。从现有关于FDI的技术进步效应研究文献中可以看出，由于前提和角度不同，学者们很容易形成不同观点，因此国内在该领域更多集中在实证研究方面。比如姚洋④（1998）实证检验了外资企业的技术进步外溢效应，研究发现对工业技术效率起到积极作用的是境外的三资企业，与之相比港、澳、台的三资企业则起到了阻碍作用。赖明勇，包群⑤（2003）通过协整和误差修正模型方法实证检验了中国1979—2000年外商直接投资的技术进步效应，结果发现外商直接投资显著地促进了我国技术进步，而国内投资对技术进步的促进作用则较小。王滨⑥（2010）则基于中国制造业1999—2007年的27个行业面板数据对FDI的技术溢出效应进行了实证检验，结果表明FDI对全要素生产率存在显著的正向溢出效应。

① Amy Jocelyn Glass，Kamal Saggi.，"Intellectual property rights and foreign direct investment"，*Ssrn Electronic Journal*，No.2，Vol.56，2002，pp.387-410.

② Kokko，A.，"Technology，Market Characteristics，and Spillovers"，*Journal of Development Economics*，No.43，1994，pp.279-293.

③ Sjoholm，F.，"Productivity Growth in Indonesia：The Role of Regional Characteristics and Direct Foreign Investment"，*Economic Development and Cultural Change*，1999，（47），pp.559-584.

④ 姚洋：《非国有经济成分对我国工业企业技术效率的影响》，《经济研究》1998年第12期，第29—35页。

⑤ 赖明勇、包群：《技术外溢与吸收能力研究进展述评》，《经济学动态》2003年第8期，第75—79页。

⑥ 王滨：《FDI技术溢出、技术进步与技术效率——基于中国制造业1999—2007年面板数据的经验研究》，《数量经济技术经济研究》2010年第2期，第93—103页。

（二）国际贸易对技术进步的影响

1. 国际贸易对中性技术进步的影响

随着经济的不断发展一国对于对外商直接投资的依赖度将逐渐降低，因此与FDI相比国际贸易对技术进步的影响则显得更为重要。如格罗斯曼和埃尔普曼①（Grossman 和 Helpman，1991）所说：“南方国家的技术研发能力在以前非常有限，因此北方国家所拥有的跨国公司在南方国家进行的海外投资是技术向南方国家转移的主要渠道；但最近以来，南方国家的许多企业已经发展并具有了模仿北方技术的能力，所以对北方技术进行的模仿活动和南北国家之间的国际贸易，已经成为当今南方国家技术进步的主要渠道。”很多学者主张进口是促进一国尤其是落后国技术进步的重要来源。多措钦和万姆瓦克德斯②（Dodzin 和 Vamvakids，2003）指出在国际贸易过程中进口先进的机械设备可以促进进口国技术进步和经济增长。高和奥利维尔③（Goh & Olivier，2001）等通过一个南北贸易的理论模型分析提出发展中国家依靠国内投资的成本较高，相比而言通过进口资本品的途径进行资本积累是更优的选择并且同时可以发挥“干中学”效应以促进技术进步和经济发展。另一部分学者则从出口的视角分析其对技术进步带来的影响。E.哈根于20世纪80年代提出：出口需求增加能够刺激本国从事技术创新以进一步增加本国产品的国际竞争力。

---

① Grossman Gene. M. and Elhanan Helpman., Innovation and Growth in the Global Economy, Cambridge: MIT Press, 1991.

② Dodzin, S. and Athanasions Vamvakidis., “Trade and Industrialization in Developing Agricultural Economies”, *Journal of Development Economics*, NO.1, Vol.75, 2003, pp.319-328.

③ Goh Ai-Ting, Olivier Jacques. “Free Trade and Protection of Intellectual Property Rights: Can We Have One Without the Other?”, *CEPR Discussion Paper*, No.3127, 2001.

巴拉萨[①](Balassa,1978)认为出口部门由于受到更为激烈的国际竞争,将迫使其采用更先进的技术设备和更高素质的人力资源,由此出口部门的生产效率往往高于非出口部门。虽然很多研究都认可国际贸易对技术进步的促进作用,但仍有一些学者持怀疑观点。巴德翰[②](Bardhan,1970)指出发展中国家如果较早加入国际竞争一方面会牺牲边干边学带来的技术进步效应,另一方面可能会一直处于国际分工的下游。斯托基[③](Stokey,1991)、杨等[④](Young 等,1991)、卢卡斯[⑤](Lucas,1988)、博尔德林等[⑥](Boldrin 等,1988)、松山[⑦](Matsuyama,1992)等均持有类似观点。

国内关于国际贸易的技术进步效应研究大致起步于 90 年代,重点多集中在关于国际贸易对技术进步促进作用的实证检验。李小平[⑧](2007)基于向量误差修正模型对中国进出口与技术进步进行了协整检验和因果分析,研究发现中国的进出口和技术进步存在长期均衡关系,长期来看技术

---

① Balassa,B.,"Exports and economic growth:Further evidence",*Journal of Development Economics*,No.5,1978,pp.181-189.

② Bardhan,P.K.,"Economic Growth Development and Foreign Trade",New York,1970.

③ Stokey,Nancy L.,"Human Capital,Product Quality,and Growth",*Quartely Journal of Economics*,No.106,1991,pp.587-616.

④ Young,Alwyn.,"Learning by Doing and the Dynamic Effects of International Trade",*Journal of Political Economy*,No.106,1991,pp.369-406.

⑤ Lucas,Robert E.Jr.,"On the Mechanism of Economic Development",*Journal of Monetary Economics*,No.22,1988,pp.3-22.

⑥ Boldrin Michele and Jose A.Scheinkman.,"Learning-By-Doing,International Trade and Growth:A Note",*UCLA Economics Working Papers*,1988,pp.285-300.

⑦ Matsuyama,Kiminori.,"Agricultural Productivity,Comparative Advantage,and Economic Growth",*Journal of Economic Theory*,No.2,Vol.58,1992,pp.317-34.

⑧ 李小平:《国际贸易与技术进步的长短期因果关系检验——基于 VECM 的实证分析》,《中南财经大学学报》2007 年第 1 期,第 28—31 页。

进步促进了进出口的增长，而进出口对技术进步的作用不明显。短期来看技术进步不是进出口的格兰杰原因，而出口是技术进步的格兰杰原因。李小平、卢现祥、朱钟棣①（2008）运用 DEA 方法对中国 32 个行业全要素生产率进行分解从而度量技术进步，而后分别就出口和进口对其效应进行了实证分析。其结果揭示了行业的开放度对技术促进作用不显著，进口比出口更能促进生产率的增长。也有一部分国内学者转而研究技术进步对国际贸易的影响。如胡方、彭诚②（2009）以保罗·萨缪尔逊在 2004 年的国际贸易模型为基础，对国际贸易的互利与摩擦问题作了进一步分析，其研究表明国际贸易的互利与摩擦依赖于某种技术进步导致的贸易商品数目的变动，并在国际贸易的比较优势的区域内，依据一定的条件形成并相互转化。

2. 国际贸易对技术进步方向的影响

鉴于技术进步偏向性理论的正式提出较晚，因此现有关于国际贸易对技术进步偏向性影响的理论研究成果则并不多见。伍德③（Wood，1994）较早地论证了国际贸易对技术进步偏向性存在影响，文章提出的“防御性技术创新”理论认为随着贸易开放度的提高，企业竞争会更加激烈，因此企业更多地进行自主创新并扩大技能人才需求从而使得技术进步方向更偏向于技能密集型。阿西莫格鲁④（Acemoglu，1998，2002，2003）深入探讨了国际

① 李小平、卢现祥、朱钟棣：《国际贸易、技术进步和中国工业行业的生产率增长》，《经济学季刊》2008 年第 2 期，第 550—564 页。

② 胡方、彭诚：《技术进步引起国际贸易摩擦的一个模型》，《国际贸易问题》2009 年第 9 期，第 61—67 页。

③ Wood，A.，*North-South Trade，Employment and Inequality：Changing Fortunes in a Skill Driven World*，Oxford，UK：Clarendon Press，1994.

④ Acemoglu，D.，“Why Do New Technologies Complement Skill? Directed Technical Change and Wage Inequality”，*Quarterly Journal of Economics*，No.113，1998.

贸易对技术进步方向的影响,研究表明国际贸易可能会通过价格效应和市场规模效应对技术方向存在影响,其中规模效应受到发展中国家产权保护程度的影响,若产权保护程度越高则发达国家中间品厂商会享有更大海外市场规模,当价格效应和市场规模效应并存时技术进步偏向性取决于两种效应孰大孰小或者说要素替代弹性是否大于1。阿西莫格鲁①(2012b)研究了离岸外包对技术进步偏向性的影响:离岸外包一方面因为增加了技能密集型产品相对价格从而促进技术进步向技能型发展,另一方面由于离岸外包增加了对低技能劳动需求并扩大了低技能密集型产品的市场规模,因此又促使技术进步偏向非技能型技术进步发展。

目前国内关于国际贸易的技术进步偏向效应研究不多,但逐渐受到学者的重视。殷德生、唐海燕②(2006)从南北贸易的视角指出自由贸易对发达国家而言促进了产品质量阶梯提升型的技术进步,而对发展中国家则促进了产品种类数增加型的技术进步,南北贸易在拉大相对工资差距的同时促进了技能型技术进步。邵敏、刘重力③(2010)以出口为视角,将出口贸易的影响纳入分析框架,指出行业出口贸易密集度的提高会使该行业发生相对更偏向技能劳动力的技术进步,以致提高行业内的工资不平等程度。张莉、李捷瑜、徐现祥④(2012)利用1980—2007年的跨国经济发展数据,实证分析了国际贸易、偏向型技术进步对发展中国家要素收入份额的影响机制,发现发展中国家的

---

① Acemoglu, D., G. Gancia, and F. Zilibotti., "Offshoring and Directed Technical Change", *NBER Working Paper* 18595, 2012b.

② 殷德生、唐海燕:《技能型技术进步、南北贸易与工资不平衡》,《经济研究》2006年第5期,第106—114页。

③ 邵敏、刘重力:《出口贸易、技术进步的偏向性与我国工资不平等》,《经济评论》2010年第4期,第73—89页。

④ 张莉、李捷瑜、徐现祥:《国际贸易、偏向型技术进步与要素收入分配》,《经济学季刊》2012年第2期,第410—428页。

技术进步偏向资本,从而导致要素收入向资本倾斜;项松林、赵曙东①(2012)则逆向讨论了偏向性技术对贸易的影响,文章运用Tobit模型对中国SITC-3位码行业出口数据进行实证分析,结果表明生产率越高的行业出口能力越强,技术变迁带来的效率提高是出口增长的重要原因。尹今格和雷钦礼②(2016)利用我国工业行业国内研发及进口、出口、FDI进行检验,结果表明国内研发、出口和FDI是技术进步偏向资本的重要因素。杨翔等③(2019)采用非经向、非导向的基于松弛的DEA方法对考虑能源投入和环境污染的技术进步指数进行分解。研究发现,贸易开放、水平的提高、研发强度的加大、企业规模的扩大、能源消费结构的优化、国有企业比重的加大均能有效促进偏向性技术进步。高奇正等④(2022)从理论和实证两个角度分析投入贸易自由化对企业生产率的影响,研究表明投入要素相对价格变化能够通过激励企业进行有选择的研发决策引致偏向性技术进步,促进企业生产率增长。

三、贸易品细分及其技术进步效应的相关研究

(一)贸易品细分的相关研究

现有相关研究大多对贸易品细分后进一步研究其体现出来的结构特

---

① 项松林、赵曙东:《中性还是偏向性技术变迁影响出口》,《财贸经济》2012年第6期,第73—81页。

② 尹今格、雷钦礼:《研发效率、要素禀赋及国际贸易与技术偏向程度》,《统计研究》2016年第1期,第20—25页。

③ 杨翔、李小平、钟春平:《中国工业偏向性技术进步的演变趋势及影响因素研究》,《数量经济技术经济研究》2019年第4期,第101—119页。

④ 高奇正、张建清、李舒婷:《投入贸易自由化、偏向性技术进步与企业生产率》,《经济科学》2022年第5期,第31—43页。

征，且一般与经济增长相联系。亚当斯①（Adams，1967）运用截面和时间序列两个维度数据分析进口贸易结构对经济增长的影响，结果表明中间品进口呈现顺周期特征，最终产品进口呈现逆周期特征而资本品变化不明显。亚当斯②（1971）对20世纪50年代以后牙买加的进口贸易结构与经济增长关系进行分析，结果发现随着经济的快速增长牙买加的进口贸易结构也随之发生了调整。玛祖达尔③（Mazumdar，1996）指出进口贸易并不必然促进经济增长而要看进口贸易结构呈现什么样的特征，研究发现资本品与最终产品进口相比更容易促进经济的增长。国内关于进口贸易结构的相关研究也取得了一定成果且多以实证分析为主。其中分析进口贸易结构与经济增长的关系仍然是一个重要的研究领域。徐光耀④（2007）通过回归分析方法揭示了中国进口贸易促进经济增长的关系，并进一步分析了不同贸易结构下进口贸易在经济增长过程中发挥的不同作用，研究发现有关先进技术、关键设备和国内短缺的能源、原材料的进口更能促进经济的增长。以之为基础，李兵⑤（2008）结合中国1980—2005年进口贸易数据，实证分析了初级产品与工业制成品对经济增长的影响，结果显示：工业制成品对中国经济增长的促进作用更明显，而初级产品一定程度上抑制了经济增长，因此政策制

① Nassau A.，Adams，"Import Structure and Economic Growth：A Comparison of Cross-Section and Time-Series Data"，*Chicago Journals*，1967，pp.143-162.

② Nassau A.，Adams，"Import Structure And Economic Growth In Jamaica，1954-1967"，*Social and Economic Studies*，1971，pp.235-266.

③ Mazumdar，J.，"Do Static Gains from Trade Lead to Medium-Run Growth?"，*Journal of Political Economy*，No.2，1996，pp.1328-1337.

④ 徐光耀：《我国进口贸易结构与经济增长的相关性分析》，《国际贸易问题》2007年第2期，第3—7页。

⑤ 李兵：《进口贸易结构与我国经济增长的实证研究》，《国际贸易问题》2008年第6期，第27—38页。

定时应该更加关注工业制成品的促进作用。此外,李荣林、姜茜[①](2010)运用协整分析、格兰杰因果关系检验等计量经济方法对进出口贸易结构的产业结构效应进行了分析。其研究发现,与中等技术行业相比,高技术行业和低技术行业贸易结构与产业结构相关度更高,其中高技术行业的技术外溢效应更明显。柒江艺、许和连、赖明勇[②](2011)以知识产权为视角分析了进口贸易结构的变化,文章认为市场扩张效应、市场垄断效应和不同类型产品对知识产权保护敏感度都制约着知识产权保护对进口贸易结构的影响,其实证研究发现知识产权的保护有利于高技术产品的进口,但影响效果存在着地区差异。张群、张曙霄、吴石磊[③](2014)以扩大内需为视角强调了优化进口贸易结构的必要性,文章认为进口贸易结构的调整是扩大内需的充分和必要条件,同时通过数据分析揭示了我国进口贸易结构的特征有二:一是我国资本密集型产品和高技术产品进口比重大;二是发达国家是中国的主要进口国,并且中西部地区进口比例增大。卜伟等[④](2019)把对外贸易商品结构概念拓展为货物贸易结构以及服务贸易结构,检验了中国对外贸易商品结构对产业结构升级的影响,研究表明从长期来看中国货物贸易结构对产业结构升级具有正向促进作用而服务贸易结构对其影响不显著。出口贸易品结构的划分方式与进口相似,梁

① 李荣林、姜茜:《进出口贸易结构对产业结构的影响分析——基于产品技术附加值的研究》,《经济与管理研究》2010 年第 4 期,第 83—91 页。

② 柒江艺、许和连、赖明勇:《知识产权保护与我国进口贸易结构转变》,《科技进步与对策》2011 年第 3 期,第 20—25 页。

③ 张群、张曙霄、吴石磊:《优化进口贸易结构促进扩大内需的对策研究》,《经济纵横》2014 年第 1 期,第 68—72 页。

④ 卜伟、杨玉霞、池商城:《中国对外贸易商品结构对产业结构升级的影响研究》,《宏观经济研究》2019 年第 8 期,第 55—70 页。

毕明和苏宏伟①(2020)从“附加值的比较优势”与“净出口能力”定义中国商品贸易结构,对中国1992—2017年商品贸易结构演进的静态与动态特征进行了分析,结果显示:中国基于附加值的商品贸易比较优势持续下降,具有绝对优势的产品占据较大出口贸易比重而具有绝对劣势的产品情况相反。朱孟楠和金朝辉②(2022)将512种HS四分位商品转化为技术密集、资本密集和劳动密集型产品并构建出口贸易结构转型指标;实证分析人民币实际汇率水平变化和“一带一路”倡议对出口结构转型升级的影响,研究发现人民币实际汇率升值能够优化出口贸易结构,由于出口贸易结构并非本书关注的重点,其相关研究在此不再进行过多赘述。

(二)贸易品细分对技术进步的影响

通常认为进口与出口相比更具有技术进步的促进效应。其原因在于进口贸易对技术进步的影响一般来源于进口贸易产品中蕴含的技术外溢效应,即一般可以认为通过进口产品种类数的增加或进口产品质量的提高从而促进进口国的技术进步,然而就笔者阅读所及国内外研究进口贸易结构对技术进步影响的相关研究成果并不多见。沃兹③(Worz,2004)对进口贸易结构进行了崭新的划分,即将进口产品按照技术密集度分为:低技术密集型产品、中等技术密集型产品和高技术密集型产品。其研究发现,产品的技术密集度越高则技术的外溢效应越明显。国内关于进口贸易及其对技

---

① 梁毕明、苏宏伟:《中国商品贸易结构动态演进及其原因分析》,《统计与决策》2020年第24期,第103—105页。

② 朱孟楠、金朝辉:《人民币汇率变化对出口贸易结构转型的影响研究》,《世界经济研究》2022年第1期,第47—61页。

③ Worz, Julia., “Skill Intensity in Foreign Trade and Economic Growth”, *Wiener Institute for International Wirchaft Vergleiche Working Paper*, No.35, 2004.

术进步影响的相关研究不多且多集中在实证研究层面。赵林海、叶灵莉①(2010)通过构造进口结构指标和技术进步指标对进口产生的技术溢出效应进行了实证分析,其结果显示资本品和中间品进口长期稳定地促进技术进步,并且其中的中间品进口的技术溢出作用更强。左萌②(2010)就中国进口贸易结构对技术扩散的影响进行了实证分析,分析结果显示进口贸易结构变化能够显著带来技术扩散效应,其中人力资本因素是制约贸易结构影响技术扩散效应的重要因素。当然也不乏从规模视角论述细分贸易品对技术进步影响的相关研究,但大多是聚焦在少数重点类别的细分贸易品。楚明钦和丁平③(2013)基于 BEC 分类对进口商品进行细分,重点考察了中间品和资本品进口对中国全要素生产率的影响,结果表明中间品进口对全要素生产率的影响为正向而资本品进口对其影响为负向。余淼杰和李晋(2015)基于 2002—2006 年中国制造业企业面板数据高度细化的海关数据和行业差异化程度数据,讨论进口对差异化行业企业生产率的影响,其研究发现中间投入品进口与最终产品进口对于企业生产率具有促进作用。杨俊玲④(2019)基于构建的全贸易分解方式运用动态面板模型考察了国际贸易对中国技术进步的影响,研究发现:最终消费品的进口贸易、出口贸易和代加工类中间品进口贸易对其作用相反。

---

① 赵林海、叶灵莉:《进口结构与技术进步:中国的经验证据》,《技术经济》2010 年第 1 期,第 19—23 页。

② 左萌:《进口贸易结构、国际技术扩散与我国经济波动——基于内生 R&D 投入与技术转化的视角》,西南财经大学,博士学位论文,2010 年。

③ 楚明钦、丁平:《中间品、资本品进口的研发溢出效应》,《世界经济研究》2013 年第 4 期,第 60—65 页。

④ 杨俊玲:《国际贸易与中国的技术进步——基于贸易分解数据》,《国际商务(对外经济贸易大学学报)》2019 年第 3 期,第 46—58 页。

四、现有文献的总结和评述

本书分别从技术进步的测度、技术进步产生来源、贸易品细分及其对技术进步的影响三个方面对相关文献进行了阅读、梳理和归纳。笔者认为现有文献呈现出以下特征：

第一，现有关于技术进步的测度成果多以中性技术进步为测度对象，采用方法一般是通过对全要素生产率进行估计然后对技术进步近似替代。目前对技术进步方向的测度成果仍然不多，且方法多是以阿西莫格鲁(2002)对技术进步偏向性的定义为基础测度技术进步的偏向特征，然而笔者注意到直接采用相对增进型技术进步来说明技术进步方向的文献较为鲜见。

第二，在挖掘技术进步产生来源方面，除自主研发以外，外商直接投资和国际贸易是两个重要的研究视角，然而研究成果多集中于中性技术进步的分析。且少数的技术进步方向内生性分析的成果多以发达国家为视角，而以发展中国家为分析对象研究其技术进步方向的影响机制的成果极其缺乏。

第三，在研究方法上鲜见驱动因素与技术进步方向的数值关系研究。如阿西莫格鲁(2002,2003)在分析国际贸易对技术进步方向的影响时采用的是比较法，即通过比较技术进步方向在封闭经济与贸易开放后前后变化从而凸显国际贸易的作用，却未定量揭示国际贸易对技术进步方向的影响程度。

第四，关于贸易品细分后的进出口贸易结构特征的研究已经取得一定的研究成果，但在现有文献中笔者尚未发现基于要素密集度视角对中国资本品、中间品和最终产品进出口贸易特征进行进一步的划分和深入细致的分析。

第五,国内基于国际贸易对技术进步方向解释的研究成果有限且多集中于实证领域,其共性特征是较为重视技术进步方向的测度而且对国际贸易的分析和刻画多为总量层面,大都未能对贸易细分进行分类和全面解读。通过文献梳理可以看出本书的研究内容具有重要的理论和实践意义。

第二章　细分贸易品对技术进步方向的影响机理

依据阿西莫格鲁(2002)对技术进步方向的讨论可知描述技术进步方向变化通常可以采取两种方法:一种方法是通过技术进步偏向性变化判断技术进步方向,此法主要是观察技术进步导致要素的相对边际产出如何变化;另一种方法是通过相对增进型技术进步反映技术进步变化方向,或者说该种方法直接关注各要素增进型技术进步之比从而对技术进步方向作出判断。该文进一步讨论了两种类型技术进步的关系,提出当要素替代弹性大于 1 时两种类型技术进步变化方向相同,反之要素替代弹性小于 1 时两种类型技术进步变化方向相反。笔者经过文献梳理发现现有关于技术进步方向的研究多采用第一种方法,而本书认为运用相对增进型技术进步反映技术进步方向的效果更为直接且较少受到要素替代弹性的影响,因此也成为后文主要关注和讨论的对象。本章具体包括两个小节:其中第一节从结构视角通过建立关于生产与研发的两部门经济理论模型以探讨细分贸易品对技术进步方向的影响机制。① 首先,给出了模型的基本假设,由此搭建了封

① 进口过程一般伴随着技术的外溢显然比出口更具有技术进步的促进效应,因此本章第一节的结构视角下重点探讨的是进口贸易结构对技术进步方向的影响。而出口对技术的主要影响之一是“规模效应”,因此在第二小节中我们兼顾了出口的相关讨论,可详见后文。

闭经济条件下模型分析的基本框架,并同时提出了增进型技术进步更为一般化的测度方法;其次,主要讨论中间品进口贸易结构对相对增进型技术进步的影响,一方面运用静态分析方法研究了中间品进口贸易结构对技术进步方向的直接效应;另一方面通过动态分析讨论了中间品进口贸易结构对技术进步方向的间接效应;最后,进一步探讨了最终产品(最终产品)进口贸易结构对技术进步方向的影响。第二小节基于规模视角论述了细分贸易品对技术进步方向的影响机理。首先,将贸易品细分为中间品和最终产品并分别从进口和出口两个方面讨论了其对技术效率的作用机制;其次,建立兼顾自主研发和技术引进的适用于发展中国家的内生技术模型,以解释各细分商品贸易对技术进步方向存在的影响。

第一节　技术进步方向的内生机制:基于商品贸易结构视角

一、封闭经济条件下的生产与研发模型

(一) 产品的生产

首先讨论最终产品的生产情形。假设最终产品市场为完全竞争市场,与阿西莫格鲁(2002)类似首先将生产函数设定为 CES 生产函数形式:

$$Y = [\nu Y_L^{\frac{\sigma-1}{\sigma}} + (1-\nu) Y_z^{\frac{\sigma-1}{\sigma}}]^{\frac{\sigma}{\sigma-1}} \tag{2-1}$$

式(2-1)中 Y_L 可以被看作要素 L 密集型产品, Y_z 为要素 Z 密集型产品。需要说明的是,此处要素 L 一般指劳动要素且多为低技能型劳动,要素 Z 可以理解为高技能劳动要素、资本要素或土地等其他要素。参数 ν 为两

种类型产品的分配系数，σ 是要素替代弹性。假设 p_L 为 L 密集型产品价格，p_z 为 Z 密集型产品价格，且进一步将最终产品 Y 价格标准化为 1。

由此可以得到两种产品相对价格之比为：

$$\frac{p_L}{p_z}=\frac{1-\nu}{\nu}\left(\frac{Y_L}{Y_Z}\right)^{-\frac{1}{\sigma}} \tag{2-2}$$

现在讨论 L 密集型产品与 Z 密集型产品的生产过程。假设两种类型产品的生产函数形式为：

$$Y_L=\int_0^1 a_L(i)^{\beta}x_L(i)^{1-\beta}di\cdot(L)^{\beta} \text{ 与 } Y_z=\int_0^1 a_z(i)^{\beta}x_z(i)^{1-\beta}di\cdot(Z)^{\beta} \tag{2-3}$$

式(2-3)是一个 C-D 形式的生产函数。$x_L(i)$ 和 $x_z(i)$ 分别为 L 密集型产品与 Z 密集型产品生产过程中投入的中间品，β 为 L 与 Z 要素的边际产出弹性，且 $0<\beta<1$。$a_L(i)$ 与 $a_z(i)$ 为投入中间产品的生产效率或质量。① 现在假设 a_U $(U=L,Z)$ 为中间产品的平均生产效率，可知：

$$\int_0^1 a_U(i)^{\beta}x_U(i)^{1-\beta}di=\int_0^1 a_U{}^{\beta}x_U(i)^{1-\beta}di=a_U{}^{\beta}\int_0^1 x_U(i)^{1-\beta}di \quad (U=L,Z)$$

因此有：

$$A_U=a_U{}^{\beta}=\frac{\int_0^1 a_U(i)^{\beta}x_U(i)^{1-\beta}di}{\int_0^1 x_U(i)^{1-\beta}di}=\int_0^1 a_U(i)^{\beta}\left[\frac{x_U(i)^{1-\beta}}{\int_0^1 x_U(i)^{1-\beta}di}\right]di\ ,(U=L,Z) \tag{2-4}$$

式(2-4)中的 $a_U{}^{\beta}$ 代表了两个部门产品生产的平均生产效率，为简化表达将其用 A_U 表示。式(2-4)表明了两部门的平均生产效率是各种类型中

---

① 本章模型中的中间品是一个相对广义的概念，既可以理解为像机器设备等资本品也可以认为是其他具有高质量的中间产品，不做特殊说明本概念同样适用于后文模型部分。

间产品生产效率的加权平均,其中的 $x_L(i)^{1-\beta}/\int_0^1 x_L(i)^{1-\beta}di$ 部分为权重,其含义是每种类型中间产品生产规模占总生产规模之比,也就是说该种中间产品的生产规模越大则其生产效率对于总体的生产效率影响也越大。这个推导结论是与生产实际非常吻合的。在阿西莫格鲁(2002)中对两部门生产效率的测度为 $\int_0^1 a_U(i)di$,也就是说其采用的方法是对各部门中间产品生产效率要求简单平均,该种方法假设每一种类型中间产品对总体生产效率贡献相同,因此一般仅适合于经济系统达到均衡之后。与之相比,本书提出的是一种对增进型技术进步更为一般化的测度方法,一方面更符合实际生产状况,另一方面不受限于经济是否达到均衡,而阿西莫格鲁(2002)的方法可以看成是本书的一个特例。为进一步体现式(2-3)的本质,现在假设 $X_U=\left(\int_0^1 x_U(i)^{1-\beta}di\right)^{\frac{1}{1-\beta}}$,则式(2-3)变为:①

$$Y_L=A_LX_L{}^{1-\beta}L^{\beta} \text{ 与 } Y_z=A_zX_z{}^{1-\beta}Z^{\beta}$$

也就是说式(2-3)最终转化为一般 C-D 形式的生产函数,其中的 A_L 与 A_Z 是前文计算得到的两部门生产率。X_L 与 X_Z 相当于两部门中间产品的总量表达。

假设 $\gamma_L(\mathrm{i})$ 与 $\gamma_Z(i)$ 分别代表两种中间产品价格且中间产品价格是由中间产品厂商决定的,则两种最终产品厂商的利润为:

$$P_LY_L-\int_0^1\gamma_L(i)x_L(i)di-w_LL \text{ 与 } P_ZY_Z-\int_0^1\gamma_Z(i)x_Z(i)di-w_ZZ$$

上式中 w_L 与 w_z 分别为 L 要素和 Z 要素价格。厂商为了实现利润最大

① 中间品总量 x_U 并非各类中间品数量的简单加和,而是近似为一种 CES 结合形式,原因在于式(2-3)的形式决定了各类中间产品是不完全替代关系。由此也影响了本章测度两部门生产效率时的权重表达。

化要求要素的边际产出等于要素边际成本。由此可以得到最终产品厂商对两种中间产品的需求为：

$$x_L(i) = a_L(i)\gamma_L(i)^{-1/\beta}[(1-\beta)p_L]^{1/\beta}L \text{ 与 } x_z(i) = a_z(i)\gamma_z(i)^{-1/\beta}[(1-\beta)p_z]^{1/\beta}Z \quad (2-5)$$

现在讨论中间产品的生产。假设中产品市场是垄断的,因此中间产品厂商有权制定中间产品价格并享有垄断利润。采用和阿西莫格鲁(2002)相似的做法将中间产品成本设为 $(1-\beta)^2$,则中间品厂商的生产利润为：

$$\pi_U(i) = [\gamma_U(i) - (1-\beta)^2]\, x_U(i) \quad (U=L,Z)$$

结合式(2-5)可知中间品厂商利润最大化时会将中间产品价格定为 $\gamma_U(i) = 1-\beta$,由此进一步可得中间品厂商的最大化利润：

$$\pi_U(i) = \beta(1-\beta)p_U^{1/\beta}Ua_U(i)\ ,(U=L,Z) \quad (2-6)$$

（二）研发活动

假设中间产品是由中间产品厂商自主研发出来的。假设初始技术水平为 $a_U(i)$,如果研发成功则新技术水平为 $\lambda a_U(i)$,且 $\lambda > 1$。然而研发需要承担一定的风险,因此我们假设研发成功的概率是 $\kappa(R_{Ui}/a_{Ui})$,并进一步假设 $\kappa'(R_{Ui}/a_{Ui}) > 0$, $\kappa''(R_{Ui}/a_{Ui}) < 0$,此处 R_{Ui} 代表了研发投入量。① 如果中间品厂商研发成功将以新技术水平享有更高研发利润,如果研发未成功则按原有技术水平享有利润。由此可以得到中间产品厂商研发的期望利润如下：

$$\kappa\left(\frac{R_{Ui}}{a_{Ui}}\right)\lambda\pi_U(i) + \left[1-\kappa\left(\frac{R_{Ui}}{a_{Ui}}\right)\right]\pi_U(i) - R_{Ui} \quad (U=L,Z) \quad (2-7)$$

---

① 此处借鉴了阿吉翁和霍伊特(Aghion & Howitt,2009)的思想,一方面研发成功率和研发投入正相关;另一方面当前所处技术水平越高则研发创新越困难,即研发成功率与研发水平负相关,因此有假设 $\kappa'(\cdot) > 0$,此外假设研发存在边际收益递减规律,故有 $\kappa''(\cdot) < 0$。

研发利润最大化时式(2-7)对 R_{Ui} 求偏导应该为0,由此可得:

$$\kappa'(\frac{R_{Ui}}{a_{Ui}}) = \frac{a_{Ui}}{(\lambda - 1)\pi_U(i)} \tag{2-8}$$

因此中间产品厂商对研发投入的最优选择是:

$$R_{Ui} = a_{Ui}\kappa'^{-1}(\frac{a_{Ui}}{\lambda\pi_{Ui} - \pi_{Ui}}) \tag{2-9}$$

由于 $\kappa''(R_{Ui}/a_{Ui}) < 0$,因此中间产品利润 π_{Ui} 与研发投入 R_{Ui} 同向变化,也即中间产品利润越高中间产品厂商越会调高其研发投入量。

二、中间品进口贸易结构对技术进步方向的影响

假设发展中国家主要依赖自主研发和技术引进两种途径实现技术进步。[①] 对于发展中国家来说,技术引进是一种充分发挥后发优势快速追赶发达国家促进技术进步的一条重要途径,而国际贸易则是实现技术引进的一条重要渠道。本节将讨论开放经济条件下中间品进口贸易结构对发展中国家技术进步方向带来的影响。

(一) 中间品进口贸易结构的直接效应

在式(2-5)中我们看到了最终产品厂商对于中间产品的最优选择,其中 p_U 和 U (U=L,Z)是外生的,因此 $a_L(i)\gamma_L(i)^{-1/\beta}$ 部分主要决定了厂商对中间产品的需求,该种中间产品的质量越高或价格越低厂商对该中间品的需求越大。因此在开放经济条件下如果进口中间产品的质量或价格更具有优势则厂商会倾向于进口中间产品,也即如果用上脚标 f 表示进口产品相

① 自主研发是指包括自主创新、技术模仿与改进等需要研发投入的行为,而技术引进则一般通过购买技术或设备获得对技术进步的直接促进。

应指标,只要满足 $a_U^f(i)/\gamma_U^f(i)^{1/\beta} > a_U(i)/\gamma_U(i)^{1/\beta}$,厂商就会选择进口中间品。由此可以看到这是一个贸易开放后国内中间产品与国外中间产品在质量和价格两个方面竞争的过程。前文已经将中间产品的总类别数标准化为1,现假设类别为$(0,n_U)$的本土中间产品企业在竞争中更具优势并生存下来,其中$(0<n_U<1)$。类别为$(n_U,1)$的本土中间产品企业在竞争中不敌国外企业并被外国企业完全替代。考虑到发展中国家进口中间产品多是具有更高质量或生产效率,因此不妨进一步假设 $a_U^f(i) > a_U(i)$,即选择进口的该类中间品质量或效率一般高于本土产品。为了便于处理假设最终产品厂商对于中间产品的需求数量不变也即 $x_U(i) = x_U^f(i)$ $(n \leqslant i \leqslant 1)$。参考式(2-4)构建的增进型技术进步一般化测度方法可以得到进口后两部门的总生产率 A'_U :

$$A'_U = \int_0^{n_U} a_U(i)^\beta \left[\frac{x_U(i)^{1-\beta}}{\int_0^1 x_U(i)^{1-\beta} di} \right] di + \int_{n_U}^1 a_U^f(i)^\beta \left[\frac{x_U^f(i)^{1-\beta}}{\int_0^1 x_U(i)^{1-\beta} di} \right] di, (U = L,Z) \tag{2-10}$$

与封闭经济模型处理方法相似用 a_U 代表类别为$(0,n_U)$的本土中间产品平均效率, a_U^f 代表类别为$(n_U,1)$的进口中间产品平均效率,则式(2-10)可变为:

$$A'_U = a_U^\beta \left[\frac{\int_0^{n_U} x_U(i)^{1-\beta} di}{\int_0^1 x_U(i)^{1-\beta} di} \right] + a_U^{f\beta} \left[\frac{\int_{n_U}^1 x_U^f(i)^{1-\beta} di}{\int_0^1 x_U(i)^{1-\beta} di} \right], (U = L,Z) \tag{2-11}$$

其中 $\int_{n_U}^1 x_U^f(i)^{1-\beta} di / \int_0^1 x_U(i)^{1-\beta} di$ 部分代表进口中间产品规模所占比重,将其用 μ_U 表示, $\int_0^{n_U} x_U(i)^{1-\beta} di / \int_0^1 x_U(i)^{1-\beta} di$ 部分代表了本土中间产品

规模所占比重，可以用 $1-\mu_U$ 表示。因此上式可以化为：$A'_U=\mu_U a_U{}'^{\beta}+(1-\mu_U)a_U{}^{\beta}$，$(U=L,Z)$。为了比较 A'_U 相对于 A_U 的变化，下面采用类似的方式结合式(2-4)对封闭经济部门生产效率 A_U 进行处理：

$$A_U=\int_0^{n_U}a_U(i)^{\beta}\left[\frac{x_U(i)^{1-\beta}}{\int_0^1 x_U(i)^{1-\beta}di}\right]di+\int_{n_U}^1 a_U(i)^{\beta}\left[\frac{x_U{}^f(i)^{1-\beta}}{\int_0^1 x_U(i)^{1-\beta}di}\right]di\ ,(U=L,Z)$$

(2-12)

假设 $a_U{}'$ 代表贸易开放前本土类别为 $(n_U,1)$ 中间产品的平均效率，a_U 仍然代表类别为 $(0,n_U)$ 的本土中间产品平均效率，则上面式子进一步转化为：$A_U=\mu_U a_U{}'^{\beta}+(1-\mu_U)a_U{}^{\beta}$。故而 $A_U{}'-A_U=\mu_U(a_U{}^{f\beta}-a_U{}'^{\beta})$。由于前文假设进口中间产品质量一般高于同类本土中间产品，因此 $a_U{}^{f\beta}-a_U{}'^{\beta}>0$ 即通过中间品进口对部门生产效率有所提升。进一步计算进口后两部门相对生产率（相对增进型技术进步）得：

$$\frac{A'_z}{A'_L}=\frac{A_z+\mu_z(a_z{}^{f\beta}-a_z{}'^{\beta})}{A_L+\mu_L(a_L{}^{f\beta}-a_L{}'^{\beta})} \tag{2-13}$$

将上式经过等式变形可以转化为：①

$$g_{\frac{A_z}{A_L}}=\left[\frac{\mu_z(a_z{}^{f\beta}-a_z{}'^{\beta})}{\mu_L(a_L{}^{f\beta}-a_L{}'^{\beta})}\Big/\frac{A_z}{A_L}-1\right](1-\frac{1}{1+g_{A_L}}) \tag{2-14}$$

式(2-14)表达了相对增进型技术进步 A_z/A_L 在短期变化的影响机制。其中 $g_{A_z/A_L}=(A'_z/A'_L)/(A_z/A_L)-1$，即 g_{A_z/A_L} 为中间产品进口后相对增进型

① 设 $\mu_z(a_z{}^{f\beta}-a_z{}'^{\beta})\equiv\Delta A_z$，$\mu_L(a_L{}^{f\beta}-a_L{}'^{\beta})\equiv\Delta A_L$，$\frac{A_z}{A_L}/\frac{\Delta A_z}{\Delta A_L}\equiv\xi$，$\frac{A'_z}{A'_L}=\frac{A_z+\Delta A_z}{A_L+\Delta A_L}=\frac{A_z+\Delta A_z(\xi+1-\xi)}{A_L+\Delta A_L}=\frac{A_z}{A_L}+\frac{\Delta A_z(1-\xi)}{A_L+\Delta A_L}$ 又 $\Delta A_z=\frac{A_z}{A_L}\Delta A_L/\xi$，则 $\frac{A'_z}{A'_L}=\frac{A_z}{A_L}+\frac{A_z}{A_L}\frac{1-\xi}{\xi}\frac{\Delta A_L}{A_L+\Delta A_L}$，故 $\frac{A'_z}{A'_L}/\frac{A_z}{A_L}-1=\frac{1-\xi}{\xi}\frac{\Delta A_L/A_L}{1+\Delta A_L/A_L}$，进一步化简可得文中结论。

技术进步增长率，$g_{A_L}=A'_L/A_L-1$ 表示 L 密集型产品部门生产效率的增长率，由于中间产品进口会改进部门内生产效率故 $g_{A_L}>0$，进一步有 $1-(1+g_{A_L})^{-1}>0$。可以说部门内技术进步增长率 g_{A_L} 决定了相对增进型技术进步变化程度且两者为同向变化。

$(a_L^{\,f\beta}-a_L{}'^{\beta})/(a_z^{\,f\beta}-a_z{}'^{\beta})$ 部分代表了两个部门中间产品效率的相对改进程度，μ_z/μ_L 的含义是两个部门中间产品进口规模之比也即中间品进口贸易结构。由于 A_z/A_L 是中间品进口之前的现有两部门相对技术状态因此是外生的，此外 $(a_L^{\,f\beta}-a_L{}'^{\beta})/(a_z^{\,f\beta}-a_z{}'^{\beta})$ 也是外生的，为了式（2-14）表达简便以清楚看到变量之间关系，我们假设 $\psi\equiv A_zA_L^{-1}(a_z^{\,f\beta}-a_z{}'^{\beta})^{-1}(a_L^{\,f\beta}-a_L{}'^{\beta})$，$\psi^{-1}$ 的含义是两部门技术相对改进比率，由于 $a_L^{\,f\beta}>a_L{}'^{\beta}$，因此 $a_L^{\,f\beta}-a_L{}'^{\beta}>0$，故 $\psi>0$。如果 $\mu_z/\mu_L=\psi$，有 $g_{A_z/A_L}=0$，即中间品进口贸易结构并未对相对增进型技术进步带来影响；如果 $\mu_z/\mu_L>\psi$，有 $g_{A_z/A_L}>0$，也即中间进口贸易结构对相对增进型技术进步有正向促进作用，我们将此时的进口贸易结构称为 Z 偏向型中间品进口贸易结构。同时可以看到这个时候的中间品进口贸易结构 μ_z/μ_L 与相对增进型技术进步增长率 g_{A_z/A_L} 是同向变化；如果 $\mu_z/\mu_L<\psi$，有 $g_{A_z/A_L}<0$，可以说这时中间进口贸易结构对相对增进型技术进步 A_z/A_L 存在阻碍作用，我们称此时的进口贸易结构为 L 偏向性中间品进口贸易结构，但若 μ_z/μ_L 增加可以减缓相对增进型技术进步的下降。

将式（2-14）进行等式变形可得：$g_{\frac{A_z}{A_L}}=\dfrac{\mu_z}{\mu_L}\dfrac{1}{\psi}\left(1-\dfrac{1}{1+g_{A_L}}\right)-\left(1-\dfrac{1}{1+g_{A_L}}\right)$，因此可以说相对增进型技术进步增长率和中间品进口贸易结构是线性相关关系。

图 2-1 中直线较为直观地呈现出了中间品进口贸易结构对相对增进

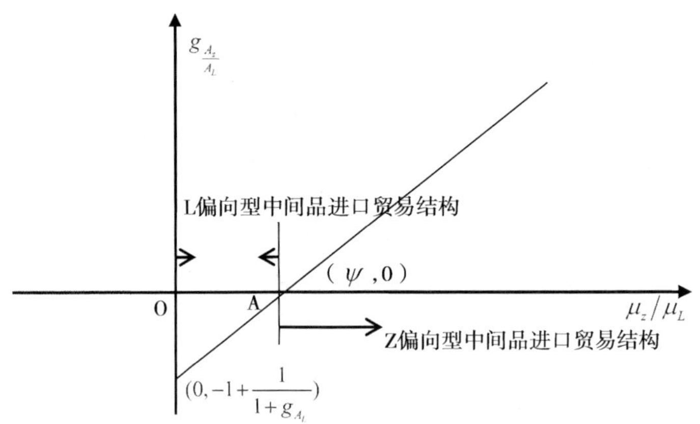

图 2-1　中间品进口贸易结构的直接效应

型技术进步的直接影响,其中 $\frac{1}{\psi}\left(1-\frac{1}{1+g_{A_L}}\right)$ 为直线的斜率,前文已证 $\psi>0$ 且 $1-(1+g_{A_L})^{-1}>0$,因此易知该直线的斜率为正且决定了中间品进口贸易结构对相对增进型技术进步的作用效果。若 $0<\mu_z/\mu_L<\psi$,则有 $g_{A_z/A_L}<0$,也即中间品进口贸易结构导致相对增进型技术进步下降或者说此时为 L 偏向型中间品进口贸易结构;如果 $\mu_z/\mu_L>\psi$,则有 $g_{A_z/A_L}>0$,即中间品进口贸易结构使得相对增进型技术进步有提升,此时为 Z 偏向型中间品进口贸易结构。如果 $\mu_z/\mu_L=\psi$,则中间品进口贸易结构对相对增进型技术进步无影响。

结论 1:中间品进口贸易结构的增加有利于改进相对增进型技术进步增长率或者说对其存在正向水平效应,从取值来看中间品进口贸易结构对相对增进型技术进步的影响具有门槛效应,如果中间品进口贸易结构大于门槛值(两部门技术相对改进比率的倒数)则会使得相对增进型技术进步增加,本书称为 Z 偏向型中间品贸易结构,相反称为 L 偏向型中间品贸易结构。此外,部门内生产率的增长率会制约中间品进口贸易结构对相对增进型技术进步的影响程度。

（二）中间品进口贸易结构的间接效应

第一部分研究了中间品进口贸易结构对相对增进型技术进步带来的短期直接效应，接下来本书将分析由此对相对增进型技术进步带来的长期深远的影响，虽然本部分涉及动态分析，但为简化表述，后文各变量后仍不增加时间下标。由于式(2-10)经过化简后可得：$A'_U = \mu_U a_U^{f\beta} + (1-\mu_U) a_U^{\beta}$，$(U=L,Z)$，故式(2-13)可以换成另一种表达：

$$\frac{A'_z}{A'_L} = \frac{\mu_z a_z^{f\beta} + (1-\mu_z) a_z^{\beta}}{\mu_L a_L^{f\beta} + (1-\mu_L) a_L^{\beta}} \tag{2-15}$$

为了凸显当前中间进口贸易结构带来长期影响，假定相关的进口贸易变量不发生改变：具体地假设两部门中间品进口比重μ_z、μ_L保持不变，并且两部门进口中间产品效率 $a_z^{f\beta}$、a_L^{β} 外生，因此也假设保持不变。① 这样在长期内影响 A'_z/A'_L 的只有类别为$(0,n_U)$的本土两部门相对技术水平 a_Z/a_L。

假设在封闭经济时两个部门技术市场处于均衡状态，则有两部门技术市场边际收益相等，由此可知：②

$$\frac{\kappa'_L(R_L/\hat{a}_L)\pi_L}{\hat{a}_L} = \frac{\kappa'_z(R_z/\hat{a}_z)\pi_z}{\hat{a}_z} \tag{2-16}$$

式(2-16)中 $\kappa'_L(R_L/\hat{a}_L)$ 和 $\kappa'_z(R_z/\hat{a}_z)$ 分别为类别$(0,n_U)$的两部门技

① 一国进口国外中间产品而对国外技术造成的影响不会很大，因此此处将国外技术变化看作是外生的。

② 式(2-16)的均衡规律首先适用于两部门技术市场的子部门，因为子部门间若未达到均衡会发生要素流动从而最终达至均衡状态，由此可推知类别为$(0,n_U)$的技术市场该均衡条件同样适用。

术市场研发概率关于研发投入的一阶导数，且 $\hat{a}_L = \frac{1}{n_L}\int_0^{n_L} a_L(i)di$ 和 $\hat{a}_z = \frac{1}{n_z}\int_0^{n_z} a_z(i)di$ 分别为国内对应部门的中间产品平均效率，π_L 和 π_z 分别是两部门对应类别中间产品的平均利润，即 $\pi_L = \frac{1}{n_L}\int_0^{n_L}\pi_L(i)di$ ，$\pi_z = \frac{1}{n_z}\int_0^{n_z}\pi_z(i)di$ 。

如果中间产品定价为 $\gamma_U(i) = 1-\beta$ 并代入式（2-5）厂商可知对两种中间品的需求为：

$$x_L(i) = p_L{}^{1/\beta}La_L(i) \text{ 和 } x_z(i) = p_z{}^{1/\beta}Za_z(i) \tag{2-17}$$

将式（2-17）代入式（2-3）可得两部门产出为：

$$Y_L = p_L{}^{(1-\beta)/\beta}L\hat{A}_L \text{ 和 } Y_z = p_z{}^{(1-\beta)/\beta}Z\hat{A}_z \tag{2-18}$$

式（2-18）中的 $\hat{A}_L = \int_0^1 a_L(i)di$ 和 $\hat{A}_Z = \int_0^1 a_Z(i)di$ ，（U=L，Z）相当于阿西莫格鲁（2002）中用简单平均方法测度的增进型技术进步。类似的贸易开放以后两部门产出分别为：

$$Y'_L = p'_L{}^{(1-\beta)/\beta}L\hat{A}'_L \text{ 和 } Y'_z = p'_z{}^{(1-\beta)/\beta}Z\hat{A}'_z \tag{2-19}$$

式（2-19）中的 Y'_L 和 Y'_z 代表中间品进口后的两种要素密集型产品产出，p'_L 和 p'_z 代表进口后两种产品价格。$\hat{A}'_L$ 和 $\hat{A}'_z$ 为中间品进口后两种产品生产效率，且 $\hat{A}'_U = \int_0^{n_U} a_U(i)di + \int_{n_U}^1 a_U{}^f(i)di$ （U=L，Z）。结合式（2-2）可以分别求出两种产品在封闭经济下和进口开放后的价格比：

$$\frac{p_z}{p_L} = \left(\frac{1-\nu}{\nu}\right)^{\frac{\sigma\beta}{1+\beta\sigma-\beta}}\left(\frac{\hat{A}_z}{\hat{A}_L}\frac{Z}{L}\right)^{\frac{-\beta}{1+\beta\sigma-\beta}} \text{ 和 } \frac{p'_z}{p'_L} = \left(\frac{1-\nu}{\nu}\right)^{\frac{\sigma\beta}{1+\beta\sigma-\beta}}\left(\frac{\hat{A}'_z}{\hat{A}'_L}\frac{Z}{L}\right)^{\frac{-\beta}{1+\beta\sigma-\beta}} \tag{2-20}$$

如果中间品进口贸易结构是 Z 偏向型的，即当中间品进口贸易结构促进了相对增进型技术进步 A_z/A_L 增加时,有 $A'_z/A'_L > A_z/A_L$,其中 A'_z/A'_L 为进口后的相对增进型技术进步。那么 $\hat{A}'_z/\hat{A}'_L > \hat{A}_z/\hat{A}_L$。① 由于 $-\beta/(1+\beta\sigma-\beta)<0$,因此可知 $p'_z/p'_L < p_z/p_L$ 。

结合式(2-6)可知$(0,n_U)$类别的中间产品平均利润在贸易开放前和开放后分别为:

$$\frac{\pi_z}{\pi_L}=\left(\frac{p_z}{p_L}\right)^{1/\beta}\frac{Z}{L}\frac{\hat{a}_Z}{\hat{a}_L} \text{和} \frac{\pi'_z}{\pi'_L}=\left(\frac{p'_z}{p'_L}\right)^{1/\beta}\frac{Z}{L}\frac{\hat{a}_Z}{\hat{a}_L} \tag{2-21}$$

式(2-21)里 $\hat{a}_L=\frac{1}{n_L}\int_0^{n_L}a_L(i)\,di$ 和 $\hat{a}_z=\frac{1}{n_z}\int_0^{n_z}a_z(i)\,di$ 是本土在$(0,n_U)$类别的中间产品平均效率。由于前文假设本土$(0,n_U)$类别的中间产品厂商在进口竞争中存活下来,因此进口发生后这一部分的中间品效率是不变的。但两种要素密集型产品价格发生了变化即 $p'_z/p'_L < p_z/p_L$,因此有 $\pi'_z/\pi'_L < \pi_z/\pi_L$ 。也就是说 Z 偏向型中间品进口贸易结构由于促进了相对增进型技术进步,进而导致两种要素密集型商品相对价格下降,从而降低了两种中间产品的利润之比。两部门技术市场相对利润的改变将打破式(2-16)中原有的均衡状态使其变为:$\kappa'_L(R_L/\hat{a}_L)\pi_L/\hat{a}_L < \kappa'_z(R_z/\hat{a}_z)\pi_z/\hat{a}_z$ 。式(2-9)表明中间品厂商会按照预期利润调整研发投入量,所以随着 π_z/π_L 的降低相对研发投入 R_z/R_L 将会减少。在式(2-16)中,$\tau_U(R_U)\equiv\kappa'_U(R_U/\hat{a}_U)/\hat{a}_U$ 表明了两部门技术研发效率,考虑到 $\kappa''_U(R_U/\hat{a}_U)<0$ 的假设,因此 $\tau_U(R_U)$ 是关于 R_U 的减函数。故如果相对研发投入 R_z/R_L 下降,两部门相对研发效率 $\tau_z(R_z)/\tau_L(R_L)$ 会随之不断

---

① 均衡时,A_U 与 $\hat{A}_U$ 的关系为 $A_U=\hat{A}_U/\int_0^1 a_U(i)^{1-\beta}di$,若所有 $a_U(i)$ 平均变化率为 k ,则 $\hat{A}_U$ 变化率为 k ,而 A_U 变化率为 k^β ,由此可知 A_U 与 $\hat{A}_U$ 同向变化,A_z/A_L 与 $\hat{A}_z/\hat{A}_L$ 同向变化。

增加从而最终使得两部门技术市场最终再次回到均衡状态中来，即式(2-16)再次成立。①

部门平均技术水平 $\hat{a}_U$ 在经过一个完整的研发周期之后其期望值将会变为 $E(\hat{a}'_U) = \hat{a}_U[(\lambda - 1)\kappa(R_U/\hat{a}_U) + 1]$ ，且 $\hat{a}_U$ 的增长率为 $(\lambda - 1)\kappa(R_U/\hat{a}_U)$ ，故而经历研发周期后两部门相对技术水平为：

$$\frac{E(\hat{a}'_L)}{E(\hat{a}'_Z)} = \left[\frac{1 + (\lambda - 1)\kappa_z(R_z/\hat{a}_z)}{1 + (\lambda - 1)\kappa_L(R_L/\hat{a}_L)}\right]\frac{\hat{a}_Z}{\hat{a}_L} \tag{2-22}$$

式(2-22)可以看出，类别为$(0, n_U)$的本土两部门相对技术水平 $\hat{a}_Z/\hat{a}_L$ 的变化主要受两部门技术水平相对增长率或者说技术研发成功率之比 $\kappa_z(R_z/\hat{a}_z)/\kappa_L(R_L/\hat{a}_L)$ 的影响。由前面分析得知，如果存在一个 Z 偏向型的中间品进口贸易结构会导致相对研发投入 R_z/R_L 减少，由于 $\kappa_U'(R_U/\hat{a}_U) > 0$ 即研发成功率是研发投入的增函数，所以 $\kappa_z(R_z/\hat{a}_z)/\kappa_L(R_L/\hat{a}_L)$ 将减少，因此本土两部门技术水平相对增长率将减少。

再次回到式(2-15)，已有假设是中间品进口贸易结构 μ_z 、μ_L 和进口中间产品质量 $a_z^{f\beta}$ 、a_L^{β} 不发生变化，与 A_z/A_L 与 $\hat{A}_z/\hat{A}_L$ 同向变化原因类似 a_Z/a_L 与 $\hat{a}_Z/\hat{a}_L$ 也同向变化，所以在中间品进口发生后的长期内相对增进型技术进步 A_z/A_L 基本上和 $\hat{a}_Z/\hat{a}_L$ 的变化规律相同。

下面将定量揭示中间品进口贸易结构对技术进步方向带来的长期影响。如果中间品进口贸易结构是 μ_z^s/μ_L^s ，假设此时对相对增进型技术进步的短期影响是 $g_{A_z/A_L} = s$ 。也就是说，$(\hat{A}'_z/\hat{A}'_L)/(\hat{A}_z/\hat{A}_L) = 1 + s$ 。将

---

① 由于技术研发的私密性，研发环境的区域性和国际研发资本流动存在障碍等原因，此处假设尽管贸易开放，两部门技术市场的均衡仍为国内范畴的均衡。

式(2-20)中两式相除可得：

$$\frac{p'_z}{p'_L}\Big/\frac{p_z}{p_L}=\left(\frac{\hat{A}'_z}{\hat{A}'_L}\Big/\frac{\hat{A}_z}{\hat{A}_L}\right)^{\frac{-\beta}{1+\beta\sigma-\beta}}=(1+s)^{\frac{-\beta}{1+\beta\sigma-\beta}} \tag{2-23}$$

将式(2-21)中的两式相除再结合上式结果可得：

$$\frac{\pi'_z}{\pi'_L}\Big/\frac{\pi_z}{\pi_L}=\left(\frac{p'_z}{p'_L}\Big/\frac{p_z}{p_L}\right)^{1/\beta}=(1+s)^{\frac{-1}{1+\beta\sigma-\beta}} \tag{2-24}$$

假设 $\kappa_U(R_U/\hat{a}_U)$ 为 C－D 形式且两部门研发函数相同。①具体有 $\kappa\left(\frac{R_U}{\hat{a}_U}\right)=\varphi\left(\frac{R_U}{\hat{a}_U}\right)^{\alpha}$，其中 α 相当于研发投入的产出弹性且 $0<\alpha<1$，φ 是研发效率系数。将研发函数求导可得：$\kappa'\left(\frac{R_U}{\hat{a}_U}\right)=\varphi\alpha\left(\frac{R_U}{\hat{a}_U}\right)^{\alpha-1}$，结合式(2-16)可知：$\frac{R_Z}{R_L}=\left(\frac{\hat{a}_z^{\alpha}}{\hat{a}_L^{\alpha}}\frac{\pi_L}{\pi_z}\right)^{\frac{1}{\alpha-1}}$，也就是说相对研发投入的变化主要取决于相对研发利润。所以有 $\frac{R'_{Zi}}{R'_{Li}}\Big/\frac{R_{Zi}}{R_{Li}}=\left(\frac{\pi'_L}{\pi'_z}\Big/\frac{\pi_L}{\pi_z}\right)^{\frac{1}{\alpha-1}}=(1+s)^{\frac{1}{(1+\beta\sigma-\beta)(\alpha-1)}}$。随着相对研发投入的变化必然会导致两部门相对技术研发成功率从而技术进步增长率发生改变，由于 $\frac{\kappa_z(R_z/\hat{a}_z)}{\kappa_L(R_L/\hat{a}_L)}=\left(\frac{R_z/R_L}{\hat{a}_z/\hat{a}_L}\right)^{\alpha}$，故最终导致相对增进型技术进步的增长率为：

$$\frac{\kappa'_z(R_z/\hat{a}_z)}{\kappa'_L(R_L/\hat{a}_L)}\Big/\frac{\kappa_z(R_z/\hat{a}_z)}{\kappa_L(R_L/\hat{a}_L)}=(1+s)^{\frac{\alpha}{(1+\beta\sigma-\beta)(\alpha-1)}} \tag{2-25}$$

由于 $\frac{\alpha}{(1+\beta\sigma-\beta)(\alpha-1)}<0$，因此若 $s>0$ 时，可知 $\frac{\kappa'_z(R_z/\hat{a}_z)}{\kappa'_L(R_L/\hat{a}_L)}\Big/$

① Acemoglu(2002)中采用了类似的假设但未考虑 $\kappa_U(R_U/a_U)$ 的具体形式。

$\frac{\kappa_z(R_z/\hat{a}_z)}{\kappa_L(R_L/\hat{a}_L)} < 1$。也就是说，若中间品进口贸易结构使得相对增进型技术进步短期增加，长期将使得两部门相对技术进步增长率降低，与之前不同的是此处定量给出了数值关系。为了更为直观地呈现从短期到长期中间品进口贸易结构对相对增进型技术进步的影响规律，本书在下面做了一个简单的数值模拟。

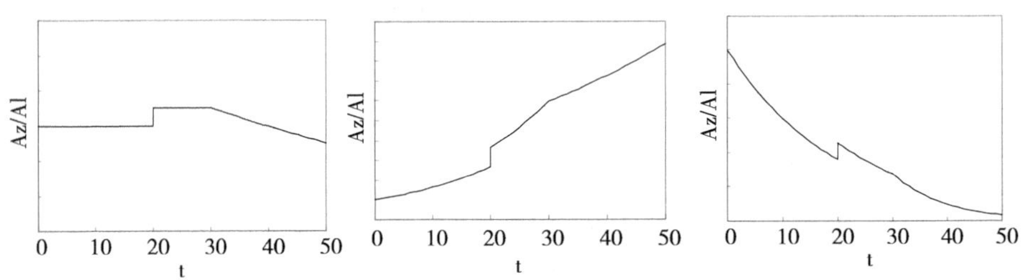

（a）均衡的相对增进型技术进步（b）偏向Z的相对增进型技术进步（c）偏向L的相对增进型技术进步

图 2-2　中间品进口贸易结构作用下相对增进型技术进步

在图 2-2 中揭示了相对增进型技术进步从封闭经济到中间品进口贸易发生后的变化规律。我们将整个时间段划分为 50 个时期，假设其中前 20 个时期社会一直处于封闭经济状态，在第 20 个时期时开始进口中间品，且进口贸易结构属于 Z 偏向型。假设第 20 期到第 30 期属于技术市场均衡调整期，而 30 期之后两部门技术市场重新步入均衡状态。由于本书主要关注相对增进型技术进步在受到进口冲击后的变化特征而不在意其具体变化大小，因此在模拟过程中参数的校准工作并非本书重点。图 2-2 中按照相对增进型技术进步的三种不同初始状态分别进行了展示：其中（a）是两部门技术均衡发展的情形，即相对增进型技术进步 A_z/A_L 保持不变，可以看到在第 20 期中间品进口贸易发生后相对增进型技术进步有一个快速的跃升，这个过程体现了中间品进口贸易结构对相对增进型技术进步存在一个正向的水平效应。在经历中间的 10 期调整后相对增进型技术进步会以指数形态下降，也即长期来看中间品进口贸易结构导致了两部门相对技术增长率下降。(b)代表了相对增进型技术进步初始状态偏向于要素Z的情形。类似的在第20期中间品进口以后相对增进型技术进步也呈现出了快速的提升，然而在经历10期调整以后相对增进型技术进步原有的提升态势出现缓和。(c)表明了相对增进型技术进步开始偏向于要素L的情形，笔者看到在第20期进口贸易后相对增进型技术进步有明显增加，经过10期技术市场调整后相对增进型技术进步相对于贸易开放之前加速下降。

结论2:假设存在一个Z偏向型的中间品贸易结构，其在短期内产生一个正向的水平效应以后随着时间推移会降低两部门产品相对价格从而两部门中间产品研发利润随之下降，最终导致相对研发投入逐渐减少以及两部门技术进步的相对增长率偏向于要素L，即长期中间品贸易结构对偏向型技术进步存在负向增长效应。

三、最终产品进口贸易结构对技术进步方向的影响

本部分将讨论最终产品进口贸易结构对技术进步方向的影响，事实上阿西莫格鲁(2002,2003)中正是以最终产品贸易为研究对象研究其技术进步偏向效应，但文章采用的方法是比较封闭经济和贸易完全开放后技术进步方向发生何种改变，而本部分研究的是最终产品进口对技术进步方向的影响因此与其存在着本质的不同。

(一)最终产品进口贸易结构的价格效应

仍以封闭经济模型为基本分析框架，首先讨论不存在中间品贸易的情形。由于没有中间品进口，按照模型的假设此时国内技术进步则完全依赖

于本土自主研发。回顾式(2-2)为:

$$\frac{p_L}{p_z} = \frac{1-\nu}{\nu}\left(\frac{Y_L}{Y_Z}\right)^{-\frac{1}{\sigma}} \tag{2-26}$$

假设L密集型产品进口数量为ΔY_L,Z密集型产品进口数量为ΔY_Z,并假设进口发生后p_L''和p_z''分别为L密集型产品和Z密集型产品的价格,则有:

$$\frac{p''_L}{p''_z} = \frac{1-\nu}{\nu}\left(\frac{Y_L+\Delta Y_L}{Y_Z+\Delta Y_Z}\right)^{-\frac{1}{\sigma}} \tag{2-27}$$

若$\frac{\Delta Y_L}{\Delta Y_Z} > \frac{Y_L}{Y_Z}$,也即当最终产品进口贸易结构高于本土最终产品结构,根据和比性质可知$\frac{Y_L+\Delta Y_L}{Y_Z+\Delta Y_Z} > \frac{Y_L}{Y_Z}$,因此有$\frac{p''_L}{p''_z} < \frac{p_L}{p_z}$,也就是说一个偏向$L$的消费品进口贸易结构会使得两种最终产品价格偏向于$Z$。

(二)技术进步方向的变化

由于国内技术进步完全依赖本土研发,因此与式(2-21)类似可以得到:

$$\frac{\pi_z}{\pi_L} = \left(\frac{p_z}{p_L}\right)^{1/\beta}\frac{Z}{L}\frac{\hat{A}_Z}{\hat{A}_L} \text{和} \frac{\pi''_z}{\pi''_L} = \left(\frac{p''_L}{p''_z}\right)^{1/\beta}\frac{Z}{L}\frac{\hat{A}_Z}{\hat{A}_L} \tag{2-28}$$

由于$1/\beta > 0$,且$\frac{p''_L}{p''_z} < \frac{p_L}{p_z}$,将上面两式相比可知$\frac{\pi''_z}{\pi''_L} < \frac{\pi_z}{\pi_L}$。与第二节分析类似两部门相对研发利润的改变同样会冲击技术市场重新调整至新的均衡状态,在这个过程中相对研发投入R_z/R_L将会降低,从而最终导致两部门技术相对增长率$\kappa_z(R_z/\hat{A}_z)/\kappa_L(R_L/\hat{A}_L)$下降。

如果存在中间品进口贸易,则国内技术进步一方面依赖于本土研发,另一方面则通过中间品进口以发挥国外先进技术的外溢效应。与第二节类似仍然假设类别$(0,n_U)$的中间产品为本土生产，类别为$(n_U,1)$的中间产品需要从国外进口。此时最终产品贸易发生前后的本土类别为$(0,n_U)$的两部门中间产品生产利润分别为：

$$\frac{\pi_z}{\pi_L}=\left(\frac{p_z}{p_L}\right)^{1/\beta}\frac{Z}{L}\frac{\hat{a}_Z}{\hat{a}_L}\text{和}\frac{\pi''_z}{\pi''_L}=\left(\frac{p''_L}{p''_z}\right)^{1/\beta}\frac{Z}{L}\frac{\hat{a}_Z}{\hat{a}_L}\tag{2-29}$$

虽然考虑中间品进口贸易后相对增进型技术进步的变化更为复杂，但是如果其他条件不变，由于$\frac{p''_L}{p''_z}<\frac{p_L}{p_z}$，仍然可以得到与上面类似的结论：$\frac{\pi''_z}{\pi''_L}<\frac{\pi_z}{\pi_L}$，从而最终导致本土两部门技术相对增长率下降。①

结论3：若其他条件不变，最终产品进口贸易结构对技术进步方向不存在直接影响，但会通过产品的价格效应影响到本土中间产品研发利润从而间接影响到技术进步方向。如果最终产品进口贸易结构偏向于Z密集型产品，则会使得依赖于本土研发部分的技术进步相对增长率偏向于要素L。②

---

① 为了突出最终产品贸易结构对技术进步方向的作用，此处忽略了中间产品贸易对技术进步方向的影响，也未考虑最终产品进口贸易对国外技术进步的间接作用，即最终产品贸易发生前后的短期内式(2-21)中$\hat{a}_Z/\hat{a}_L$不变。

② 若不考虑中间品进口则国内技术进步完全依赖本土研发，若考虑中间品进口则最终产品贸易进口只影响了依赖本土自主研发部分即类别$(0,n_U)$的中间品技术。

第二节 技术进步方向的内生机制：基于细分商品贸易规模视角

一、不同种类商品贸易规模的技术传导机制

为分析方便仅将社会经济划分为资本密集型产品和劳动密集型产品生产部门，因此两部门相对效率的变化将决定技术进步方向。对于发展中国家而言，自主研发和技术引进通常是促使技术进步的两条重要渠道，而如前文所述国际贸易无疑是其中获取国外先进技术外溢的重要途径。① 与阿西莫格鲁（2002）理论模型思路类似，将进出口商品细分为中间品和最终产品，下面将从进口和出口两个方面分别阐述其对技术进步的影响。

（一）商品进口与效率提升

众多研究成果皆支持进口贸易对技术进步的促进作用，一般认为进口国可通过技术模仿和竞争效应两条途径促进技术进步（Gorg 和 Greenaway②，2004；Ma③，2006）。其中前者可认为是国外先进技术溢出效应的体现，然而将进口商品细分后会发现技术溢出效应对于不同类别商品进口而言具有异

① 除国际贸易外，外商直接投资也是促进技术进步的一条主要来源。

② Gorg Holger，David Greenaway.，"Much ado about Nothing? Do Domestic Firms Really Benefit from Foreign Direct Investment?" *World Bank Research Observer*，No. 2，Vol. 19，2004，pp.171-197.

③ Ma A C.，"Export Spillovers to Chinese Firms：Evidence from Provincial Data"，*Journal of Chinese Economic and Business Studies*，No.2，Vol.4，2006，pp.127-149.

质性。由于先进生产技术一般会物化于引进的机器设备（中间品）当中，因此可以带来生产效率的快速提升，而且生产效率变化与中间品进口规模相关。反观最终产品进口由于多为最终产品，因此并不能直接带来生产效率提升，虽然也可存在技术模仿但与商品进口规模无关，可见最终产品进口的技术溢出效应并不显著。

上述提到的“竞争效应”一般认为可能会对国内的技术进步带来两种影响：一方面进口具有竞争优势的商品可能会为国内企业施压从而促进其技术快速进步以在市场竞争中得以继续生存和发展，由此进口贸易对本土技术研发产生了一种“倒逼”效果；另一方面国内企业也可能在竞争中失败甚至退出市场从而体现出了所谓挤出效应。中间品和最终产品的进口都存在这种“竞争效应”，当然它们最终对技术进步作用的路径是不一样的，我们将在后文“技术进步方向的内生机理”中做进一步讨论。为深入分析“竞争效应”对国内企业带来的影响，本书将其分解为“价格效应”和“规模效应”两个方面，具体可见图 2-3。

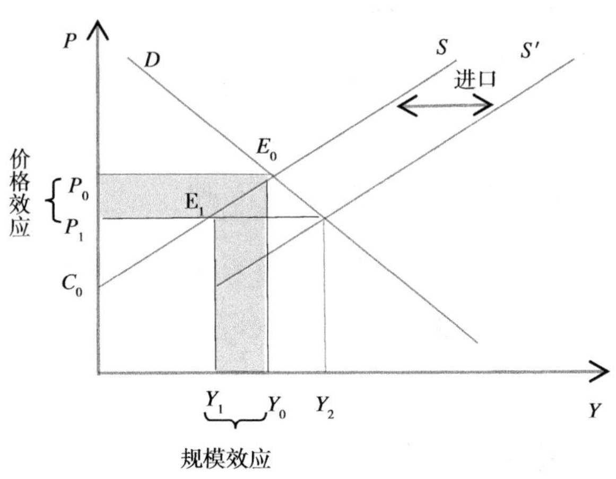

图 2-3　进口的价格效应和规模效应

在图 2-3 中，D 代表国内总需求曲线，S 为国内总供给曲线，均衡价格

为 P_0，均衡产量为 Y_0，E_0 可描述封闭经济下的均衡；当经济开放后若进口增加导致社会总供给曲线右移，由此导致了商品均衡价格由 P_0 下降至 P_1，P_1-P_0 为商品进口带来的负向价格效应。若 P_1 低于 C_0，则国内企业会因为不堪竞争而退出市场，因此国内企业需要增加生产率以降低生产成本使 S 右移以对抗进口冲击。由此可见上述文献中所述“竞争效应”究其根本来源于“价格效应”；另一方面均衡产量由 Y_0 增加至 Y_2，然而 P_1 在价格水平下国内企业供给量仅为 Y_1，因此 Y_1-Y_0 为商品进口导致的负向规模效应。基于“干中学”的规模经济理论和国内技术研发企业利润导向理论，可知上述规模效应都应是有损效率提升的。伴随着商品价格和产量的双向递减，国内企业总体收益发生萎缩，因此图 2-3 中阴影面积可代表商品进口导致的对国内市场形成的“挤出效应”。从作用时滞角度来看，由于“价格效应”和“规模效应”体现为经济均衡的迁移，因此其对技术效率的影响相对于上述中间品的技术溢出效应而言更加滞后。

（二）商品出口与效率提升

一般认为通过商品的出口不能获取先进技术外溢，因此基于商品出口的技术进步内因研究并不多见。张化尧①（2012）通过文献梳理归纳了出口影响技术进步的原因：由于国际垂直化专业分工可能导致国外企业将产业链条延伸至国内，此时外方可能会对我方提供一定技术支持即所谓“学习效应”，以及由此带来的产业链后向技术外溢也即“产业链效应”。然而由于发展中国家一般在国际分工中处于产业链条末端，其技术含量较低，再加上分工的碎片化和技术垄断等因素，通过该途径来获取商品出口体现的技

① 张化尧：《基于多种外溢机制的国际贸易与我国技术进步关系分析》，《国际贸易问题》2012 年第 5 期，第 16—24 页。

术促进是有限的。与之相比依赖自主研发提高技术进步将更具实效，而通过商品出口可形成“价格效应”和“规模效应”并在中长期对技术进步产生影响，具体可见图2-4。

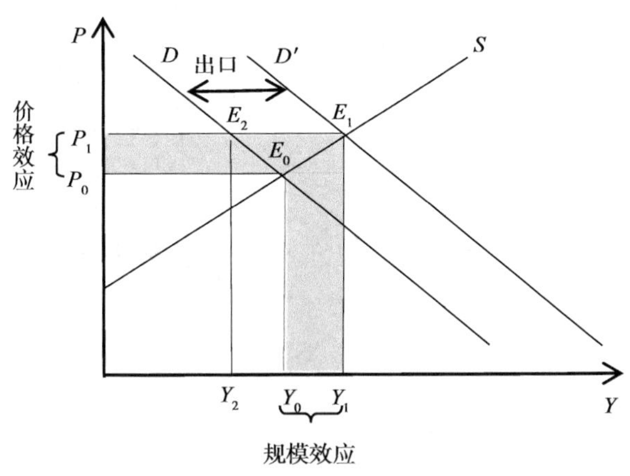

图 2-4　出口的价格效应和规模效应

在图 2-4 中 D 代表国内总需求曲线，S 为国内总供给曲线，此时 P_0和 Y_0分别为均衡价格和均衡产量，均衡状态体现为 E_0。经济开放后出口的增加使得总需求曲线右移至 D'，从而导致了均衡价格由 P_0增加至 P_1，故 P_1-P_0为商品出口带来的正向价格效应；Y_2代表国内需求量，由于出口的价格效应相比之前有所下降，然而对国内企业而言均衡产量由 Y_0增加至 Y_1，因此 Y_1-Y_0代表了由商品出口带来的正向规模效应。以上两个效应皆有利于该种类型产品厂商逐利从而也可间接推动该类技术的研发并推动效率的提高。阴影部分面积代表了商品出口衍生的国内企业整体效益的增加，我们将其对应地称为出口的“扩张效应”。与进口类似，出口的扩张效应对技术的作用也是相对滞后的，需要经历长期的均衡调整和系统的反馈才能实现。由此我们也可认为国家采用出口导向策略从长远来看对技术进步是有利的，关键在于出口什么样类型的商品。当然，中间品和最终产品的出口对于技术进步的作用路径是不同的，并将在后文做进一步说明。

除以上讨论的商品贸易外，技术贸易也应该是一条促进技术进步的重要途径。进口技术贸易一般可通过技术溢出效应直接促进本国的技术进步，但效果受本国技术吸收能力和技术匹配性等因素制约。由于技术的特有属性，技术的出口并不会改变本国对该技术的持有状态，反而会通过“规模效应”促进该类技术的进步，但本书不对该途径做深入探讨。

二、基于细分贸易的技术进步方向内生机理：来自发展中国家视角

（一）技术进步方向的设定

与阿西莫格鲁(2002)类似，假定最终产品市场是完全竞争并仍将生产函数设定为如下CES形式：

$$Y_t = [\varphi Y_{Lt}^{\frac{\varepsilon-1}{\varepsilon}} + (1-\varphi) Y_{Kt}^{\frac{\varepsilon-1}{\varepsilon}}]^{\frac{\varepsilon}{\varepsilon-1}} \tag{2-30}$$

其中 Y_{Lt} 为劳动密集型产品，Y_{Kt} 为资本密集型产品，φ 是劳动与资本产品之间的分配系数，ε 代表替代弹性。假定 P_{Lt} 和 P_{Kt} 分别为劳动密集型和资本密集型产品价格，并进一步将两种产品生产过程设定为C-D形式：

$$Y_{Lt} = (A_{Lt} X_{Lt})^{1-\alpha} L_t^{\alpha} \text{ 和 } Y_{Kt} = (A_{Kt} X_{Kt})^{1-\alpha} K_t^{\alpha} \tag{2-31}$$

式(2-31)中 L_t 为劳动要素，K_t 为资本要素。X_{Lt} 和 X_{Kt} 分别为两部门生产所需中间品，A_{Lt} 和 A_{Kt} 分别代表体现于中间品的两部门生产效率，α 为要素产出弹性且 $0 < \alpha < 0$。结合(2-30)和(2-31)两式可分别得到劳动与资本要素的边际产出并将两者相除可得：

$$\Delta_t \equiv \frac{\partial Y_t / \partial L_t}{\partial Y_t / \partial K_t} = \frac{\varphi}{1-\varphi} \left(\frac{A_{Lt}}{A_{Kt}}\right)^{(1-\alpha)(1-\varepsilon^{-1})} \left(\frac{X_{Lt}}{X_{Kt}}\right)^{(1-\alpha)(1-\varepsilon^{-1})} \left(\frac{L_t}{K_t}\right)^{\alpha(1-\varepsilon^{-1})-1} \tag{2-32}$$

由此可见两要素相对边际产出是 A_{Lt}/A_{Kt} ，X_{Lt}/X_{Kt} 和 L_t/K_t 的函数，上式取对数并对时间 t 求导可知：

$$\frac{\dot{\Delta}_t}{\Delta_t} = (1-\alpha)(1-\varepsilon^{-1})\frac{d\ln(A_{Lt}/A_{Kt})}{dt} + (1-\alpha)(1-\varepsilon^{-1})\frac{d\ln(X_{Lt}/X_{Kt})}{dt} + (\alpha - \alpha\varepsilon^{-1} - 1)\frac{d\ln(L_t/K_t)}{dt} \tag{2-33}$$

式(2-33)中第一部分代表了在其他要素不变情形下技术进步对相对边际产出的影响，因此本书将技术进步偏向指数设定为：

$$TI_t = (1-\alpha)(1-\varepsilon^{-1})\frac{d\ln(A_{Lt}/A_{Kt})}{dt} \tag{2-34}$$

由于 $1-\alpha > 0$，可知技术进步的方向从根本上取决于相对增进型技术进步 A_{Lt}/A_{Kt} ，并受到替代弹性 ε 的制约。如果 $\varepsilon > 1$，相对增进型技术进步 A_{Lt}/A_{Kt} 增加导致技术进步偏向于要素 L，若 $\varepsilon < 1$，相对增进型技术进步 A_{Lt}/A_{Kt} 增加导致技术进步偏向于要素 K。

（二）技术进步方向的内生化路径

下面将进一步研究 A_{Lt} 和 A_{Kt} 的内生决定机制，为表述方便将其统一为 A_{Zt} ($Z=L,K$)。由于发展中国家的技术进步同时依赖于技术引进和自主研发，即：

$$A_{Zt} = \theta A_{1Zt} + (1-\theta)A_{2Zt}\ ,(Z=L,K) \tag{2-35}$$

其中 A_{1Zt} 是来源于技术引进贡献的生产效率，A_{2Zt} 是自主研发贡献的生产效率，θ 为权重系数。由前文可知中间品进口是获取先进技术外溢的重要途径且一般可对技术效率存在正向的水平效应，因此可进一步假定：

$$A_{1Zt} = A_{0Z} + bX^f_{Zt}\ ,(Z=L,K) \tag{2-36}$$

X^f_{Zt} 代表了物化国外先进技术的中间品进口，此外技术贸易也是获取技术外溢的途径但并非本书关注重点，因此内含于常数项 A_{0Z} 中。A_{2Zt} 来源于自主研发并遵循知识生产过程，故将其形式设定为：

$$\dot{A}_{2Zt} = k_Z \cdot IN_{Zt}^{\beta} \text{ ,}(Z=L,K) \tag{2-37}$$

式（2-37）中 k_Z 为研发效率系数，β 为研发产出弹性且 $0<\beta<1$。IN_{Zt} 为研发过程中相关的技术资本投入并假定正相关于研发利润，即 IN_{Zt} 可写为研发利润 π_{Zt} 的函数且 $IN'_{Zt}(\pi_{Zt}) > 0$。

下面将讨论中间品和最终产品贸易如何通过影响研发利润从而改变技术效率。假定中间品厂商研发中间品并享有知识产权保护，因此能通过自主定价而获得垄断利润。将两部门研发利润（中间品厂商利润）函数设定为：

$$\pi_{Zt} = (p_{Zt} - c)X_{Zt} \text{ ,}(Z=L,K) \tag{2-38}$$

式（2-38）中 p_{Zt} 为中间品价格，c 是中间品单位生产成本。由前文可知中间品进口会带来负向的价格效应和规模效应，即会导致 p_{Zt} 和 X_{Zt} 减少，因此 π_{Zt} 随之下降，由式（2-37）可知最终会导致 A_{2Zt} 降低；反之由于中间品出口具有正向的价格效应和规模效应，因此会最终导致 π_{Zt} 随之增加从而 A_{2Zt} 升高。另外，由两部门最终产品厂商利润最大化行为可得中间品需求函数为：

$$X_{Zt} = (1-\alpha)^{1/\alpha} P_{Zt}^{\ 1/\alpha} p_{Zt}^{\ -1/\alpha} Z A_{Zt}^{\ (1-\alpha)/\alpha} \text{ ,}(Z=L,K) \tag{2-39}$$

式（2-39）表明中间品的需求价格弹性为 $-1/\alpha$，因此中间品厂商为追逐利润最大化将中间品定价为 $p_{Zt} = c(1-\alpha)^{-1}$，为简化表达将 c 设为 $1-\alpha$，将式（2-39）代入式（2-38）可得：

$$\pi_{Zt} = \alpha(1-\alpha)^{1/\alpha} P_{Zt}^{\ 1/\alpha} Z A_{Zt}^{\ (1-\alpha)/\alpha} \text{ ,}(Z=L,K) \tag{2-40}$$

可见经过长期的市场调整（最终产品市场与中间品市场达到均衡）研发利润会受到最终产品价格、要素供给和当前效率水平影响。由前文可知最终产品进口会带来负向的价格效应，因此会导致 P_{Zt} 下降；此外最终产品进口的负向规模效应会导致要素需求降低，从而使得 Z 减少。综上研发利

润 π_{Zt} 会因此减少，据式(2-37)可知最终会导致 A_{2Zt} 降低。类似的最终产品出口由于可带来正向的价格效应和规模效应，因此最终会带来 A_{2Zt} 的提升。

若 X^e_{Zt} 表示中间品出口，Y^f_{Zt} 和 Y^e_{Zt} 分别表示最终产品进口与出口，根据前文结论可知 $\partial\pi_{Zt}/\partial X^f_{Zt} < 0$，$\partial\pi_{Zt}/\partial X^e_{Zt} > 0$，$\partial\pi_{Zt}/\partial Y^f_{Zt} < 0$ 和 $\partial\pi_{Zt}/\partial Y^e_{Zt} > 0$。现将式(2-36)和式(2-37)代入式(2-35)可得进出口贸易视角下的技术进步内生方程：

$$A_{Zt} = \underbrace{\theta A_{0Z}}_{\text{短期的水平效应}} + \theta b \cdot X^f_{Zt} + \underbrace{(1-\theta)k_Z\int_0^t IN_t^{\beta}[\pi(X^f_{Zt}, X^e_{Zt}, Y^f_{Zt}, Y^e_{Zt})]\,dt}_{\text{长期的增长效应}}, (Z=L, K) \tag{2-41}$$

从式(2-41)我们能比较直观地看到：中间品进口能够在短期获取比较直接的水平效应，这也正是发展中国家得以快速赶超发达国家的重要途径；①而从长期来看中间品和最终产品进出口对技术进步存在增长效应，该效应特点是：其一，技术的促进需要长期累积且具有路径依赖性质；其二，该累积特性进一步决定了其对技术进步的促进可具有指数化效果。需要注意的是中间品和最终产品的增长效应产生路径不同，因此与最终产品相比中间品的"增长效应"更直接且作用时滞更短。出口贸易一般具有正向增长效应并促进技术效率提升，而进口的增长效应为负并阻碍技术发展。"水平效应"与"增长效应"会存在冲突，如中间品进口短期会促进技术进步，但长期却可能因为损害本土的研发利润而削弱了自主研发对技术进步的贡献。将式(2-41)与式(2-34)相结合可以进一步推知中间品和最终产品进出口如何影响了技术进步偏向。也就是说在替代弹性 $\varepsilon>1$ 时，如果某变贸易变量促进了资本或劳动密集型技术效率提升，最终也会促使技术进步偏向于该要素密集型技术；反之当替代弹性 $\varepsilon<1$ 时，若某变量促进了某要素

① 技术贸易也具有该属性，但暗含于常数项中并非本书研究重点。

密集型技术效率提升最终将导致技术进步偏向于另一种要素。

本章小结

现有挖掘技术进步方向来源的理论研究多以发达国家为视角，很明显将适用于发达国家的技术进步方向的理论模型直接解释发展中国家的技术进步并不会完全适用，其主要原因是发达国家技术进步主要靠自主创新，而发展中国家除自主创新外可能更多需要依靠技术引进。本章以发展中国家为对象分别从“贸易结构”和“贸易规模”两个视角研究了细分贸易品对技术进步方向的影响机制。其中基于“贸易结构”视角的分析体现为：

首先，在封闭经济假设下构建了生产与研发的两部门模型，与阿西莫格鲁(2002,2003)类似的是在封闭经济条件下国内技术进步主要依赖于自主研发，此时国内技术进步方向主要取决于两部门中间产品的相对研发利润。与阿西莫格鲁(2002,2003)不同的是本书提出了增进型技术进步的更为一般化的测度方法，即技术进步应该是以各分部门生产规模占总生产规模比值为权重对各部门技术进步求加权平均，因此该种方法更贴近实际且对经济系统是否处于均衡状态无要求。

其次，建立了关于中间品进口贸易结构对技术进步方向影响的理论模型并分别运用静态分析方法和动态分析方法研究了中间品进口贸易结构对相对增进型技术进步的短期直接效应和长期间接效应。研究发现短期中间品进口贸易结构对相对增进型技术进步存在正向的水平效应。若中间品进口贸易结构取值高于一定程度(门槛值)则会带来相对增进型技术进步的增加，本书将此时的中间品进口贸易结构称为 Z 偏向型中间品进口贸易结构，而反之增进型技术进步会下降并将此时的中间品进口贸易结构称为 L 偏向型中间品进口贸易结构。在长期中间品进口贸易结构对相对增进型技术进步存在负向的增长效应，也就是说一个 Z 偏向型中间品进口贸易结构会使得两部门技术进步相对增长率下降(偏向于要素 L)。以模型分析为基础本书还定量揭示了短期和长期两种情形下中间品进口贸易结构与相对增进型技术进步的数值关系。

最后,进一步分析了最终产品进口贸易结构对技术进步方向的影响。研究表明最终产品进口贸易结构并不会对相对增进型技术进步存在直接影响但却有可能存在间接影响,如果最终产品进口贸易结构偏向于 Z 密集型产品会使得两种产品的相对价格下降,本土两部门技术市场相对研发利润随之下降最终使得依赖于本土研发部分的技术进步相对增长率下降(偏向于要素 L 发展)。

基于“贸易规模”视角的技术进步方向内生性分析体现为:

首先,将贸易品细分为中间品和最终产品并分别从进口和出口两个方面讨论了其对技术效率的作用机制。研究表明进口品通过技术溢出效应和竞争效应两条渠道影响技术效率。其中前者对于不同类别商品进口而言具有异质性:中间品进口可带来生产效率快速提升而最终产品进口的该效应不显著;而“竞争效应”可分解为负向的价格和规模效应并阻碍了技术发展。出口品主要通过“扩张效应”影响技术变化并体现为正向“价格效应”和“规模效应”以提升技术效率。

其次,以前述分析为基础建立兼顾自主研发和技术引进的适用于发展中国家的内生技术模型。研究发现短期中间品进口对技术效率具有正向水平效应。长期各细分贸易指标普遍存在增长效应:中间品和最终产品出口的增长效应为正而进口的该效应为负,与最终产品相比中间品贸易对技术效率的影响更直接且作用时滞更短;各贸易因素对技术进步方向的传导受制于替代弹性: $\varepsilon>1$ 时,如果某变贸易变量促进了资本或劳动密集型技术效率提升最终也会促使技术进步偏向于该要素; $\varepsilon<1$ 时,若某变量促进了某要素密集型技术将导致技术进步偏向于另一种要素。

第三章　中国的细分商品贸易与技术进步方向特征

目前对中国贸易细分问题的相关研究成果颇多且被用于解释很多经济现象如:经济增长(袁其刚等①,2011)、产业结构(袁欣②,2010;李荣林等③,2010;孙晓华等④,2013)、就业结构(阚大学⑤,2010;周申等⑥,2012),然而不同视角下其贸易划分依据也是不同的,张曙霄⑦(2002)较为完整地指出了贸易结构的三种不同划分角度:贸易商品结构角度,对外贸易方式结构角

---

① 袁其刚、戴金平、刘斌:《贸易结构变化促进经济增长途径的比较分析——基于中国数据的经验研究》,《国际贸易》2011年第11期,第53—57页。

② 袁欣:《中国对外贸易结构与产业结构:"镜像"与"原像"的背离》,《经济学家》2010年第6期,第67—73页。

③ 李荣林、姜茜:《我国对外贸易结构对产业结构的先导效应检验——基于制造业数据分析》,《国际贸易问题》2010年第8期,第3—12页。

④ 孙晓华、王昀:《对外贸易结构带动了产业结构升级吗?——基于半对数模型和结构效应的实证检验》,《世界经济研究》2013年第1期,第15—21页。

⑤ 阚大学:《我国贸易结构与就业结构的动态关系研究》,《国际贸易问题》2010年第10期,第17—23页。

⑥ 周申、李可爱、鞠然:《贸易结构与就业结构:基于中国工业部门的分析》,《数量经济技术经济研究》2012年第3期,第63—75页。

⑦ 张曙霄:《中国对外贸易结构问题研究》,东北师范大学,博士学位论文,2002年。

度,外贸易区域结构角度。一般而言解释什么样的经济问题则需要有针对性地研究对应划分视角下的贸易细分。由于技术进步方向体现的是技术进步发展对不同要素的非均衡促进,结构化和细分指标对其将更具解释力,因此笔者最终以要素密集度为视角研究中国的贸易细分及其结构。此外本书是以有形商品的进出口贸易为依据分析其对技术进步方向的影响,因此不作特殊说明文中涉及的贸易对象皆为有形商品。本章的一个重要目标是揭示中国近些年来的细分商品贸易规模和结构特征。具体将涉及:第一,设计相应细分贸易指标的计算方法并交代数据来源;第二,在 BEC 分类的维度上揭示中国的资本品、中间产品与最终产品进口结构;第三,在 SITC 分类的维度上揭示中国资本密集型产品与劳动密集型产品结构;第四,分别计算基于要素密集度的中国资本品、中间产品与最终产品三种产品各自的贸易结构。本章第二个目的是深入挖掘影响中国各方面进口贸易结构变化的深层原因以期为进口贸易结构调整策略提供参考依据。本章另外一个需要研究的是从相对增进型技术进步和技术进步方向指数两个方面对中国技术进步方向变化的历史特征进行刻画。

第一节　中国细分商品贸易规模与结构特征

一、细分贸易品的数据测算与指标设计

在联合国统计署的商品贸易数据库(UN Comtrade Database)中可以获取到大量和全面的各国进出口贸易数据。在数据库中提供了三种不同的商品种类划分方法:国际贸易标准分类(Standard International Trade Classification 或 SITC)、商品名称及编码协调制度(Harmonized Commodity Description and

Coding System 或 HS)和按广泛经济类别分类(Classification by Broad Economic Categories 或 BEC),以上三种方式数据虽然皆可获取然而各有特点和侧重需要根据实际研究需求进行选择。

国际贸易标准分类(SITC)是联合国统计委员会为了对世界贸易商品进行统计和分析,以 20 世纪 30 年代提出的《国际贸易统计商品目录简编》为基础做了进一步的修订和完善,并于 1950 年最终制定完成。自标准颁布以后在历史上 SITC 共有四次修订,其中最近一次修订(SITC Rev.4)时间是 2006 年,几个修订版本中由于 SITC Rev.4 修订时间较近导致获取时间序列的长度较短。虽然各次修订版本贸易商品分类略有不同,但基本上是按照商品的不同加工程度从原材料到半成品再到制成品的顺序编排的。SITC 分类提供了贸易商品从一位数到五位数不同层面的划分以满足不同需求,其中在一位数层面共分为十个大类,具体内容参见表 3-1。

表 3-1　SITC 标准分类及商品名称

类别	商品名称	类别	商品名称
0	粮食及活动物	5	未列明的化学及有关产品
1	饮料及烟叶	6	主要按材料分类的制成品
2	除燃料外的非食用未加工材料	7	机械和运输设备
3	矿物燃料、润滑油及有关物质	8	杂项制成品
4	动物及植物油、脂肪及蜡	9	未列入其他分类的货物及交易

资料来源:UN Comtrade Database。

商品名称及编码协调制度(HS)是海关合作理事会于 1983 年 6 月颁布的用于国际贸易、海关和进出口管理的一个统一商品分类体系,自 1988 年 1 月正式实施以来大约每相隔四年进行一次修订。目前为止 HS 已经得到了 200 多个国家和地区的广泛应用,HS 分类的贸易品占全球贸易总量约 90%,中国从 1992 年以后开始运用 HS 对贸易商品进行分类。当前实施的

2007版基本依据商品加工程度对商品进行划分，共有21个大类、97章和5053个六位数产品基本编号。表3-2列举了中国适用的HS相关分类。

表3-2　HS标准分类及商品名称

类别	商品名称	类别	商品名称
1	活动物；动物产品	11	纺织原料及纺织制品
2	植物产品	12	鞋、帽、伞、杖、鞭及其零件；已加工的羽毛及其制品；人造花；人发制品
3	动、植物油、脂及其分解产品；精制的食用油脂；动、植物蜡	13	石料、石膏、水泥、石棉、云母及类似材料的制品；陶瓷产品；玻璃及其制品
4	食品；饮料、酒及醋；烟草、烟草及烟草代用品的制品	14	天然或养殖珍珠、宝石或半宝石、贵金属、包贵金属及其制品；仿首饰；硬币
5	矿产品	15	贱金属及其制品
6	化学工业及其相关工业的产品	16	机器、机械器具、电气设备及其零件；录音机及放声机、电视图像、声音的录制和重放设备及其零件
7	塑料及其制品；橡胶及其制品	17	车辆、航空器、船舶及有关运输设备
8	生皮、皮革、毛皮及其制品；鞍具及挽具；旅行用品、手提包及类似品；动物肠线（蚕胶丝除外）制品	18	光学、照相、电影、计量、检验、医疗或外科用仪器及设备、精密仪器及设备；钟表；乐器；上述物品的零件、附件
9	木及木制品；木炭；软木及软木制品；稻草，秸秆、针茅或其他编结材料制品；篮筐及柳条编织品	19	武器、弹药及其零件、附件
10	木浆及其他纤维状纤维素浆；纸及纸板的废碎品；纸、纸板及其制品	20	杂项制品

资料来源：《中国统计年鉴》。

按广泛经济类别分类（BEC）是由联合国统计局、联合国统计委员会审议和联合国秘书处分别制定、通过和发布的商品分类准则，该分类基于SITC分类数据按照商品的用途和加工程度对其进行重新汇总。整个分类运用三位数编码方式将商品分为了7个大类和19个基本门类，该分类的优点是可以和国民核算体系（SNA）中三大基本货物类别（资本品、中间产品和最终产品）进行很好的对接。表3-3呈现了BEC分类与SNA三大类别的对应关系。

表3-3 BEC主要分类及与SNA对应关系

资本货物	41.资本货物（运输设备除外）
	521.运输设备，工业
中间货物	111.食品和饮料，初级，主要用于工业
	121.食品和饮料，加工，主要用于工业
	21.未另归类的工业用品，初级
	22.未另归类的工业用品，加工
	31.燃料和润滑剂，初级
	322.燃料和润滑剂，加工（不包括汽油）
	42.资本货物（运输设备除外）零配件
	53.运输设备零配件
最终产品	112.食品和饮料，初级，主要用于家庭消费
	122.食品和饮料，加工，主要用于家庭消费
	522.运输设备，非工业
	61.未另归类的最终产品，耐用品
	62.未另归类的最终产品，半耐用品
	63.未另归类的最终产品，非耐用品

注：表中号码为BEC商品分类编号。

通过前述分析可以看到HS分类层次跨度较大，如果只将商品数据细化至章无法满足本书需求而如果细化至高位数据又会使工作量变得异常巨大，再加上HS分类数据更新频繁且时间长度有限，因此HS分类不适合本书研究。与之相比SITC分类可以连续地获取从一位数至五位数的各个层面数据，综合衡量数据的细致性和工作的便利性本书最终选择第三次修订的 SITC 三位数数据进行研究。另外，BEC 分类的优势是与 SNA 进行很好的契合可以方便本书获取资本品、中间品和最终产品数据，但是由于该商品分类只细化到三位数而显得过于宽泛，完全依据 BEC 分类也不能达到本书需求。因此本书最终同时选择了 SITC 三位数分类和 BEC 分类两个维度进行数据研究。

假设$(S_1, S_2, \cdots, S_m)$代表三位数 *SITC* 的贸易额，其中 m 为 *SITC* 三位数总分类数。虽然三位数分类相对细致，但每一个该层面的数据 S_i 仍然可能同时存在资本品、中间品或者最终产品，其中 $i=1, 2, \cdots, m$，因此需要以现有数据为基础在另一个维度上进一步进行分配，假设 W_{ij} 是分配系数，其中 $j=1, 2, \cdots, n$，n 表示 *BEC* 分类总数。联合国统计署提供了第三次修订标准的五位数 *SITC* 编码与 *BEC* 分类的对应关系，因此 W_{ij} 的计算本书用 i 类三位数编码中 j 类包含的五位数编码个数占 i 类三位数编码包含的五位数编码总个数代替。这样通过计算 $S_i W_{ij}$ 则表示本书需要的基本数据，为了使结果更直观，下面用矩阵形式表达本书得到的数据。

$$S = \begin{pmatrix} S_1 W_{11} & & \cdots & & S_1 W_{1n} \\ & \ddots & & & \\ \vdots & & S_i W_{ij} & & \vdots \\ & & & \ddots & \\ S_m W_{m1} & & \cdots & & S_m W_{mn} \end{pmatrix} \text{SITC 维度}$$

BEC 维度

在 BEC 分类维度上根据表 3-3 的标准进行汇总便可以得到第 i 类三位数 SITC 中包含的资本品、中间品和最终产品数据：

$$S_{i,\text{资本品}} = \sum_{j \in \{\text{资本品}\}} S_i W_{ij} \text{、} S_{i,\text{中间品}} = \sum_{j \in \{\text{中间品}\}} S_i W_{ij} \text{ 和}$$

$$S_{i,\text{最终产品}} = \sum_{j \in \{\text{最终产品}\}} S_i W_{ij} \qquad (3\text{-}1)$$

现在本书借助SITC分类维度上的数据计算按要素密集度不同划分的贸易额。UNCTAD(2002)按要素密集度将商品划分为六个基本类别:A.初级产品、B.劳动和资源密集型产品、C.低等技术产品、D.中等技术产品、E.高等技术产品和F.其他未分类产品,并对每一个第二次修订标准的SITC三位数编码所属类别进行说明。结合第二次修订标准SITC与第三次修订标准SITC的对应关系,基于式(3-1)对属于前面相应类别内的数据进行加总便可以得到按要素密集度划分的贸易额数据:①

$$S_{A,\text{资本品}} = \sum_{i \in \{A\}} S_{i,\text{资本品}}、S_{A,\text{中间品}} = \sum_{i \in \{A\}} S_{i,\text{中间品}} \text{ 和}$$

$$S_{A,\text{最终产品}} = \sum_{i \in \{A\}} S_{i,\text{最终产品}} \tag{3-2}$$

式(3-2)中$S_{A,\text{资本品}}$、$S_{A,\text{中间品}}$和$S_{A,\text{最终产品}}$分别为资本品、中间品和最终产品中属于A类(初级产品)总贸易额数据,与式(3-2)类似可以计算得到资本品、中间品和最终产品中属于B类、C类、D类、E类和F类的总贸易额。

二、基于资本品、中间品与最终产品的中国进口商品贸易规模与结构

此处将要揭示在BEC分类维度上的中国资本品、中间品与最终产品进口规模与结构特征。资本品、中间品和最终产品贸易总额分别为:

$$S_{\text{资本品}} = S_{A,\text{资本品}} + S_{B,\text{资本品}} + S_{C,\text{资本品}} + S_{D,\text{资本品}} + S_{E,\text{资本品}} + S_{F,\text{资本品}}$$

$$S_{\text{中间品}} = S_{A,\text{中间品}} + S_{B,\text{中间品}} + S_{C,\text{中间品}} + S_{D,\text{中间品}} + S_{E,\text{中间品}} + S_{F,\text{中间品}}$$

$$S_{\text{最终产品}} = S_{A,\text{最终产品}} + S_{B,\text{最终产品}} + S_{C,\text{最终产品}} + S_{D,\text{最终产品}} + S_{E,\text{最终产品}} + S_{F,\text{最终产品}} \tag{3-3}$$

① 资料来源于联合国统计局网站。

参照式(3-3)的计算方法,我们得到了中国 1992 年至 2022 年资本品、中间品和最终产品进口总额数据,结果如图 3-1 所示。

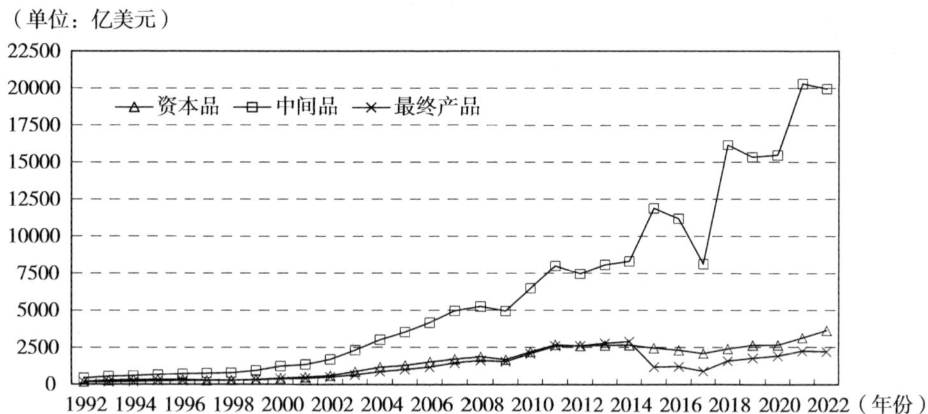

图 3-1　中国 1992—2022 年资本品、中间品和最终产品进口额

数据来源:作者根据联合国统计署《商品贸易数据库》计算所得。

中国在 1992 年至 2022 年无论是资本品、中间品还是最终产品进口额从总体上来看都呈现上升趋势,而中间品进口明显高于资本品进口和最终产品进口,资本品进口和最终产品进口两者规模相仿且互有高低。具体来看中间品进口额不但总体规模居于最高且呈现出更为明显的上升趋势,其中在 1992 年进口额已经约 418 亿美元且远高于资本品与最终产品两者进口额之和,而后中间品进口额便稳步并且以近乎指数形态逐年攀升直至 2008 年出现了第一次峰值,进口额达到 5251 亿美元,在 2009 年中间品进口额首次下降至 4941 亿美元,而后又开始出现快速攀升至 2011 年出现第二次峰值,且进口额为 7997 亿美元,2012 年出现略微下浮后又在接下来两年间缓慢恢复至下降前水平,2015 年攀升至 11888 亿美元,而后两年开始出现较为显著的下降,2017 年降至 8132 亿美元,2018 年快速回升至 16162 亿美元。经历接下来两年小幅下降后于 2021 年和 2022 年其规模快速增长至约 2 万亿美元左右。因此可以说在整个时期内中国资本品进口额呈现出持续走高的"W"型变化;资本品进口额在1992年约为182亿美元而后逐年缓慢上升,但于1997年出现了一次小幅下降,其进口额为282亿美元而后继续持续升高,直至2008年资本品进口额出现了较为明显的峰值为1882亿美元,并于2009年下降至1681亿美元,而后经过两年的攀升在2011年资本品进口额出现了第二次明显的峰值为2671亿美元,之后有微幅下降,2014年回到另一个峰值约为2658亿美元而后开始持续走低,2017年降至为2102亿美元,并成为近年资本品进口规模的最低点,2018年以后开始缓慢逐年回升,2022年其规模增至约3637亿美元;最终产品进口额无论在规模和变化规律上都与资本品进口颇为相近,其中在1992年为169亿美元,而后持续增加也是在2008年达到1628亿美元并出现了第一次峰值,并于2009年下降至1538亿美元而后稳定地逐年持续攀升,2014年之后出现了先降后升的变化但未回到初始水平。可以看到资本品、中间品和最终产品进口额在整体上变化的共同点是都从2008年达到峰值后在2009年出现了一次较明显的下降,笔者认为应该和当年整体的进口贸易政策或经济环境有关。

为体现进口贸易结构特征,以上面数据为基础本书进一步技术分别计算了资本品进口占比S_K、中间品进口占比S_I和最终产品进口占比S_C:

$$S_K = \frac{S_{资本品}}{S_{资本品} + S_{中间品} + S_{最终产品}}, \quad S_I = \frac{S_{中间品}}{S_{资本品} + S_{中间品} + S_{最终产品}},$$

$$S_C = \frac{S_{最终产品}}{S_{资本品} + S_{中间品} + S_{最终产品}} \tag{3-4}$$

参照式(3-4)的计算方法可以计算得到中国1992年至2022年资本品、中间品和最终产品进口贸易结构数据,如图3-2所示。

从整体上看1992年至2022年中国中间品进口占比相对于其他两种类型商品来说明显居于高位,而资本品进口占比和最终产品进口占比取值相

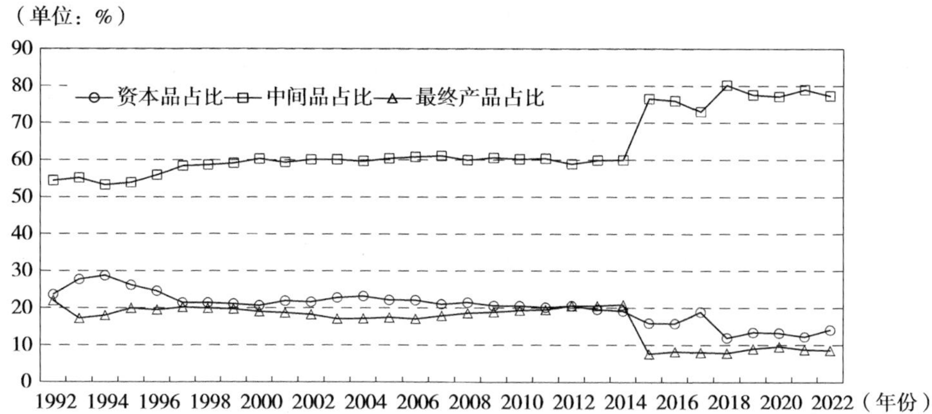

图 3-2　中国 1992—2022 年资本品、中间品和最终产品进口结构

数据来源：作者根据联合国统计署《商品贸易数据库》计算所得。

近，资本进口占比在大多时候高于最终产品进口占比。其中中间品进口占比在 1992 年为 54.37%，而后在略微波动中呈现出逐渐提升趋势，进入 2000 年前后整个中间品进口占比基本稳定在 60%左右，虽然个别年份有些许波动但都不是很大，2014 年之后出现明显提升且基本在 75%左右；资本品进口占比在 1992 年为 23.63%，经过两年提升至 1994 年出现第一个峰值，而后逐年下降至 1997 年以后变化较为缓慢，微幅波动至 2004 年资本品进口占比进入第二个较低的峰值 23.19%，而后缓慢走低至 2014 年其取值为 19.16%，此时已经略低于最终产品占比而后略呈下降趋势；2017 年回升至 18.89%以后再次回落并基本稳定在 12%—14%之间。最终产品占比 1992 年约为 22%略低于同年资本品占比水平，此后经历了两年的下降于 1994 年达至波谷为 18.02%，而后开始回升并于 1997 年出现了第二个峰值且数值为 20.19%，而后缓慢下降至 2003 年出现第二个波谷为 17.1%，2003 年以后虽有个别微幅波动但整体上最终产品进口占比呈现缓慢并持续走高趋势，2014 年至 2015 年由 20.88%显著下降至 7.59%，而后保持在一个相对稳定水平。可以看到虽然此处进口贸易结构涉及资本品、中间品和最终产品三种商品，但资本品与最终产品仍然呈现出较明显的"镜像"变化特征也即出现此消彼长的关系，笔者认为其中一个重要原因应该是中间品进口占比在很长时间段内都较为稳定。

三、基于劳动与资本密集型产品的中国进口商品贸易规模与结构

接下来将在 SITC 维度上揭示中国的劳动密集型产品与资本密集型产品进口贸易规模和结构特征。① 目前关于资本密集型产品与劳动密集型产品的划分尚未形成统一的标准，笔者将 UNCTAD(2002)中按要素密集度将商品划分的六个基本类别中的 C 类和 D 类认定为资本密集型产品，因此劳动密集型产品进口总额 S_B 与资本密集型产品进口总额 S_{CD} 分别为：

$$S_B = S_{B,\text{资本品}} + S_{B,\text{中间品}} + S_{B,\text{最终产品}}$$

$$S_{CD} = S_{C,\text{资本品}} + S_{C,\text{中间品}} + S_{C,\text{最终产品}} + S_{D,\text{资本品}} + S_{D,\text{中间品}} + S_{D,\text{最终产品}} \quad (3-5)$$

基于式(3-5)的计算方法可以得到 1992 年至 2022 年间中国劳动密集型产品与资本密集型产品进口总额，结果如图 3-3 所示。

总体上看中国 1992 年至 2022 年劳动密集型产品与资本密集型产品呈现出上涨趋势，但资本密集型产品的进口规模则明显高于劳动密集型产品。具体的资本密集型产品进口总额在 1992 年约为 276 亿美元而仅相隔一年其数值升至约 466 亿美元，1993 年之后资本密集型产品进口总额经历了一段时间的小幅波动但整体上相对平稳该特征保持至 1999 年，进入 2000 年(资本密集型产品进口额约为 585 亿美元)以后资本密集型产品进口出现

① 确切地说根据 UNCTAD(2002)分类其中的 B 类为劳动与资源密集型产品。

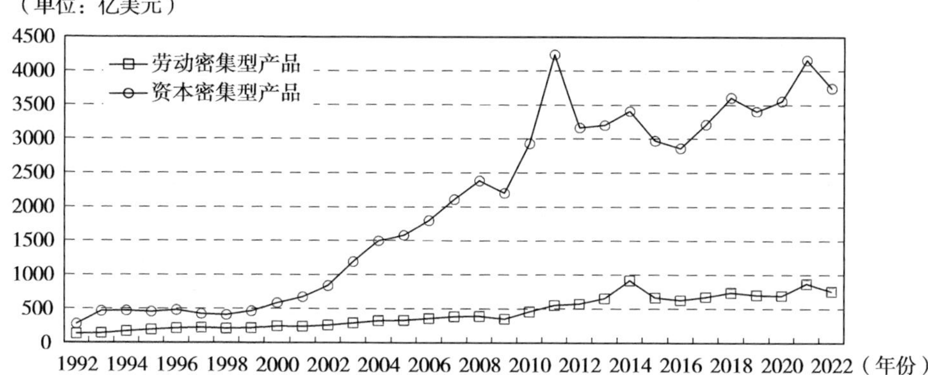

图 3-3 中国 1992—2022 年劳动密集型产品和资本密集型产品进口总额

数据来源:作者根据联合国统计署《商品贸易数据库》计算所得。

明显上升趋势并于 2008 年达到一次峰值约为 2384 亿美元,2009 年微幅下降至 2201 亿美元,而后连续两年出现更为显著的回升,至 2011 年资本密集型产品进口总额已升至 4238 亿美元成为历史最高点,次年出现明显回落并在 2013 年和 2014 年继续保持增长势头,2016 年降至另一个低点而后开始回升至 2018 年已经超过下降前水平,虽然在 2019 年受新冠疫情冲击略有下降至 3406 美元而次年开始稳步回升,至 2021 年其规模增至约 4159 亿美元。与资本密集型产品相比劳动密集型产品进口额的波动不大,在很长时间内都是在小幅波动中呈现出较为稳定的增长趋势,2008 年劳动密集型产品进口额达到 391 亿美元,但在 2009 年出现一次略明显的下降,进口额降至 350 亿美元而后则逐年快速攀升,其中 2010 年为 457 亿美元,到 2014 年的四年间进口额规模翻了一番达至 915 亿美元,而后与资本密集型产品类似呈现先降后升的“U”型变化,但整体波动较小。

接下来我们以上面数据为基础进一步计算劳动密集型产品进口占比 S_B 与资本密集型产品的进口占比 S_{CD} 为:

$$\mathrm{S}_B = \frac{S_B}{S_B + S_{CD}} \text{ 和 } \mathrm{S}_{CD} = \frac{S_{CD}}{S_B + S_{CD}} \tag{3-6}$$

根据式(3-6)的计算方法可以得到中国1992年至2022年基于劳动密集型产品与资本密集型产品的进口贸易结构,结果如图3-4所示。

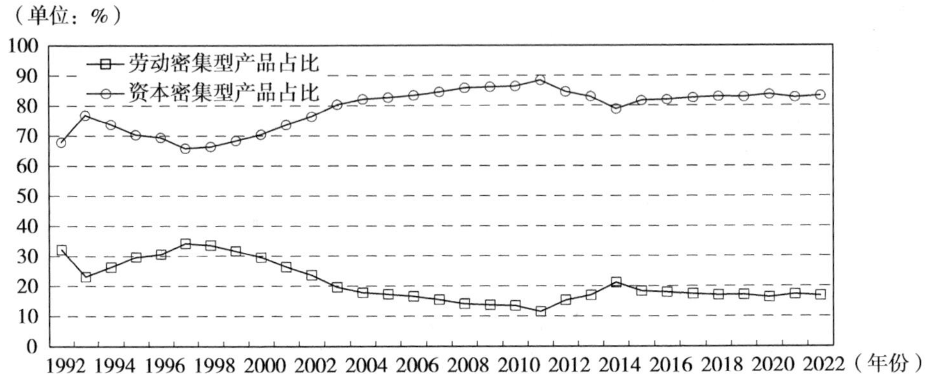

图3-4 中国1992—2022年基于劳动和资本密集型产品的进口贸易结构

数据来源:作者根据联合国统计署《商品贸易数据库》计算所得。

图3-4显示了中国在1992年至2022年劳动密集型产品进口占比与资本密集型产品进口占比的演变规律,这两个指标可以从不同角度分别反映中国进口贸易结构特征。从整体上看,资本密集型产品进口占比明显高于劳动密集型产品进口占比,其中资本密集型产品进口占比在1992年为67.81%,一年后该指标数值快速提升到了76.86%,1993年以后资本密集型产品进口占比缓慢下降直至1997年下降至最低点65.78%,从1998年开始,资本密集型产品进口占比缓慢且稳定性逐年提升,在2011年达到历史最大值88.47%并于接下来三年来有所下降,于2014年之后缓慢回升。由于基于劳动和资本密集型产品的进口贸易结构中只涉及两种类型产品,因此图中两个指标的变化呈现出了明显的“镜像”特征,也就是说劳动密集型产品进口产品的变化规律刚好与资本密集型产品进口占比的变化规律相反这里不再赘述。

四、双维度划分下的中国进口商品贸易规模与结构

本部分将进一步同时考虑上述两个维度分别刻画资本品、中间产品与最终产品基于劳动与资本密集型产品的进口贸易规模和结构特征。基于前述(3-2)式分析方法可知,资本品中的劳动密集型产品和资本密集型产品进口额分别为$S_{B,资本品}$和$S_{C,资本品}+S_{D,资本品}$,中间品中的劳动密集型产品和资本密集型产品进口额分别为$S_{B,中间品}$和$S_{C,中间品}+S_{D,中间品}$,最终产品中的劳动密集型产品和资本密集型产品进口额分别为$S_{B,最终产品}$和$S_{C,最终产品}+S_{D,最终产品}$。

表 3-4　1992—2022 年中国按要素密集度划分资本品、中间品与最终产品进口额　(单位:亿美元)

年份	资本品		中间品		最终产品	
	劳动密集	资本密集	劳动密集	资本密集	劳动密集	资本密集
1992	0. 52	128. 29	112. 65	129. 96	17. 63	17. 34
1993	0. 58	194. 87	120. 73	244. 64	19. 09	26. 95
1994	0. 62	221. 04	146. 73	223. 83	20. 50	26. 59
1995	0. 72	224. 07	165. 55	209. 47	25. 88	21. 47
1996	0. 78	231. 81	182. 72	231. 27	28. 22	17. 12
1997	0. 53	188. 60	192. 65	219. 69	27. 14	15. 24
1998	0. 52	174. 93	181. 38	218. 61	25. 06	14. 76
1999	0. 51	190. 98	189. 42	254. 15	24. 91	18. 29
2000	0. 63	232. 63	216. 85	329. 02	28. 10	23. 00
2001	0. 82	270. 79	209. 33	372. 80	30. 39	27. 52
2002	1. 04	334. 70	225. 49	464. 90	33. 13	38. 24
2003	1. 65	444. 50	249. 66	689. 94	38. 98	55. 90
2004	2. 01	580. 07	277. 28	849. 08	44. 80	66. 22
2005	2. 03	575. 47	279. 29	936. 68	48. 73	69. 00

续表

年份	资本品		中间品		最终产品	
	劳动密集	资本密集	劳动密集	资本密集	劳动密集	资本密集
2006	2.52	658.90	299.29	1051.13	55.45	88.35
2007	3.74	758.96	313.13	1236.71	68.45	112.14
2008	3.89	848.66	310.69	1393.49	76.73	141.87
2009	3.84	752.36	277.66	1309.13	69.50	139.89
2010	4.74	1036.37	361.34	1663.08	91.80	231.00
2011	6.30	1329.90	421.37	2569.32	124.69	339.66
2012	6.41	1067.86	427.42	1772.63	138.05	322.52
2013	6.80	1051.29	492.47	1811.78	153.86	336.28
2014	8.10	1090.04	735.02	1914.78	172.37	403.59
2015	7.34	956.06	477.05	1696.34	181.33	318.57
2016	7.71	897.36	438.20	1660.89	181.85	316.34
2017	8.83	1028.65	460.90	1826.70	205.39	353.75
2018	9.46	1217.39	493.93	2025.55	235.64	366.28
2019	8.81	1124.04	439.73	1923.69	255.24	358.29
2020	7.49	1126.00	414.87	2082.24	271.40	350.00
2021	8.84	1326.55	530.88	2420.39	330.03	412.06
2022	7.66	1148.10	460.77	2206.49	289.08	393.94
均值	4.05	690.72	325.95	1158.77	106.88	174.97
离散系数	0.81	0.60	0.45	0.68	0.89	0.88

数据来源:作者根据联合国统计署《商品贸易数据库》计算所得。

表3-4中详细呈现了1992年至2022年中国劳动密集型资本品、资本密集型资本品、劳动密集型中间品、资本密集型中间品、劳动密集型最终产品和资本密集型最终产品的进口额。从整体上看六种类型产品的进口额皆呈现出逐年上升的趋势,按照历年进口规模由高到低的顺序分别是:资本密集型中间品进口额为历年最高、资本密集型资本品进口额次之、再次分别是劳动密集型中间品进口、资本密集型最终产品和劳动密集型最终产品进口,而劳动密集型资本品进口额最低。从进口数据的波动来看,资本密集型最

终产品进口和劳动密集型最终产品进口的波动较大（其离散系数分别为0.89和0.88），导致该现象的原因可能是中国对于消费类商品的进口更易受到外界环境变化的影响。相对来说进口需求波动最小的是劳动密集型中间产品，其离散系数仅为0.68。以上面数据为基础进一步计算基于资本密集型产品与劳动和资源密集型产品的资本品、中间品和最终产品进口贸易结构分别为：

$$\mu_{资本品} = (S_{C,资本品} + S_{D,资本品}) / S_{B,资本品}$$

$$\mu_{中间品} = (S_{C,中间品} + S_{D,中间品}) / S_{B,中间品}$$

$$\mu_{最终产品} = (S_{C,最终产品} + S_{D,最终产品}) / S_{B,最终产品} \tag{3-7}$$

需要说明的是式（3-7）计算进口贸易结构指标并未采用之前计算某种类型产品进口额占比的方法，而是将两种类型产品进口额直接相比，虽然在体现只有两种商品的贸易结构时以上两种方法并无本质差别，而笔者认为此时用式（3-7）方法测度贸易结构更为直接。

经过计算本书发现资本品进口贸易结构取值远高于中间品和最终产品进口贸易结构，笔者认为其中的重要原因是资本品中绝大多数属于资本密集型产品，而中间品和最终产品进口贸易结构的取值相对接近，故在图3-5中同时采用了两个纵轴：左边纵轴适用于资本品进口贸易结构，右边纵轴适用于中间品和最终产品进口贸易结构。可以看到除个别年份外几乎所有类型商品的进口贸易结构取值都大于1，表明中国一直以来都以资本密集型商品的进口为主，同时也进一步印证了比较优势理论。其中资本品进口贸易结构变化的波动较大但仍然呈现出前期上升后期下降的倒"U"型变化，具体的在1992年其进口贸易结构取值约为244.72，在波动变化中于1999年达到历史最高点为375.03，而后在小幅波动中缓慢下降，2017年资本品进口贸易结构取值下降至116.52以后开始缓慢回升，2020年以来其数值大致稳定在150左右；中间品和最终产品进口贸易结构的变化规律较为相似,整体上都呈现出来前低后高的“M”型变化规律,但在取值上中间品进口贸易结构一直高于最终产品进口贸易结构,在波动上前者也比后者更加明显。在1992年中间品和最终产品进口贸易结构的取值都接近1,其中中间品进口贸易结构为1.15而最终产品进口贸易结构0.98,次年两者都达到第一次峰值分别为2.03和1.41,而后缓慢下降至1997年达到波谷,1997年以后中间品和最终产品进口贸易结构缓慢并同步攀升,在2011年分别达到各自的最大值6.1和2.72,2011年以后两者皆缓慢下降但呈现出趋同趋势,2014年中间品和最终产品进口贸易结构的取值分别为2.61和2.34,而后中间品进口结构逐渐提升而最终产品进口结构逐渐走低。

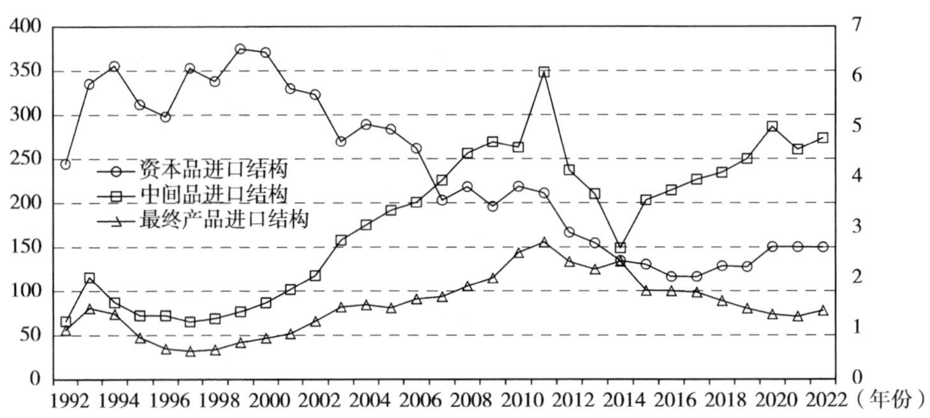

图3-5　中国1992—2022年基于要素密集度的资本品、中间品和最终产品进口贸易结构

数据来源:作者根据联合国统计署《商品贸易数据库》计算所得。

运用与前文类似的方法,我们同样计算了SITC分类和BEC分类两个维度下的中国各出口贸易品细分指标,考虑到出口贸易结构并非我们关注重点,相关计算结果和分析在此不进行赘述,相关数据可详见附录。

第二节　中国进口商品贸易结构的影响因素分析

一、进口贸易结构的影响机制

影响进口贸易结构的因素有很多,其中有些因素会直接促进或抑制进口贸易结构而有些因素则通过作用于其他因素对进口贸易结构形成间接影响,因而进口贸易结构的影响机制是多重因素综合作用的一个复杂过程。本书将众多影响进口贸易结构的因素分为两类:外部因素和结构因素,其中外部因素多与外界大环境有关,涉及的也多为总量指标而结构因素多为与贸易结构相关联的结构指标。

(一) 外部影响因素

1. 国际经济环境。若世界经济发展低迷,企业一般会压缩商品生产规模,随着供给减少和价格攀升商品的进口量也随之减少,反之良好的国际经济环境则可以促进国际贸易发展。就基于要素密集度的进口贸易结构而言,国际经济环境越好则越容易进口本国不具有比较优势的要素密集型产品从而使得进口贸易结构发生改变。

2. 本国经济发展水平。经济发展水平越高意味着居民的收入和消费水平越高,其消费倾向也会发生改变从而影响进口贸易结构,一般而言居民的生活水平越高其消费结构中资本密集型产品所占比重越大从而导致进口贸易结构相应地发生变化。经济总量越大贸易规模也会越大,同时会增加本国在国际市场上的议价能力从而对进口贸易结构形成间接影响。

3. 汇率水平。若本币升值,则可以增强对进口商品的购买力从而使进口规模上升,从而在对外购买力增强时首先会倾向于进口本国不具有比较优势的要素密集型产品,从而影响进口贸易结构发生变化。

4. 知识产权保护。如果进口国(发展中国家)知识产权保护力度较弱时会损害资本密集型产品(尤其当其技术含量较高时)出口的利润,从而降低基于要素密集度的进口贸易结构。

(二) 结构影响因素

1. 产业结构。商品只有生产出来才能进行国际贸易,一般而言有什么样的产业结构则会有什么样的贸易结构与之对应,因此本国的产业结构是对外贸易结构的前提和基础。

2. 比较优势。一国如果富含劳动要素则按照比较优势理论应该倾向于发展劳动密集型产品并进行出口,而不具比较优势的资本密集型产品多依赖进口,从这个角度来看,比较优势是决定进口贸易结构的一个重要基础因素。

3. 外商直接投资。当产品生命周期处于末期时,发达国家会将产品生产转移至发展中国家,而外商直接投资则是一条重要途径,跨国公司在本土的生产一方面会增加原材料和先进机器设备的进口,生产出的最终产品会在本地销售并间接影响同类产品进口。

4. 内需。当本土产品的供给不足以满足内部需求时则会从国际市场进口,因此进口贸易结构本质上取决于本土的内需结构。

5. 政策导向。虽然市场经济背景下的贸易行为主要取决于产品的供需,然而政府仍然可以通过调整关税、财政补贴和进出口信贷制度等手段间接调节进口贸易结构。

6. 技术进步方向。技术差距理论认为国家之间在产品生产上的技术差异是产生国际贸易的重要原因,因此作为结构化指标的技术进步方向应该是影响对外贸易结构的重要因素。

7. 出口。加工贸易是中国主要的贸易特征或者说初级产品或中间产品进口以后经过组装或者加工之后再对外出口,因此如果扩大出口规模则会在一定程度上增加进口产品的需求。

通过上面分析可知,由于外部因素一般都是与大环境相关的总量指标,且对进口贸易结构的影响大多是间接的,进口贸易结构本身是一个结构化指标,因此与之相匹配的一些结构化因素发挥的作用大多更为直接。

二、中国进口贸易结构的影响分析

可以说上述各因素都会对中国进口贸易结构存在影响,然而对于不同角度的进口贸易结构各影响因素的影响机制和影响力是存在差别的。前文首先在 BEC 维度上分析了中国 1992 年至 2022 年资本品、中间品和最终产品进口结构,其主要特点是中间品占比较为稳定且数值上明显高于资本品和最终产品。形成这个局面的主要原因是中国一直以“出口导向型战略”为主,而中国对外贸易的特征却是加工贸易对于中间产品的进口有严重依赖,所以此时出口是影响中国进口贸易结构的主要因素;此外在 SITC 维度上揭示的中国劳动密集型产品与资本密集型产品进口贸易结构表明,资本密集型产品进口占比明显高于劳动密集型产品,由于中国劳动要素较为丰裕具有比较优势,因此倾向于生产劳动密集型产品并进行出口,而资本密集型产品多依赖于进口,所以此时比较优势是影响中国进口贸易结构的主要因素。下面本书重点分析在 BEC 和 SITC 两个维度下基于要素密集度的中国资本品、中间产品与最终产品进口贸易结构形成原因。

(一) 中国资本品进口贸易结构的因素分析

资本品一般主要包含用于生产的各种机器设备,中国通过资本品的进口可以吸取物化于其中的先进科学技术并充分发挥技术的外溢效应以达到快速提高生产效率的效果,因此促进进步是资本品进口的主要目的,而如果本土某种要素密集型产品生产技术水平提升则会逐渐降低对该种要素密集型资本品进口的需求。前文已经论证了进口贸易结构(包括资本品进口贸易结构)对技术进步方向存在影响,而事实上技术进步方向对资本品进口贸易结构也会存在反作用。

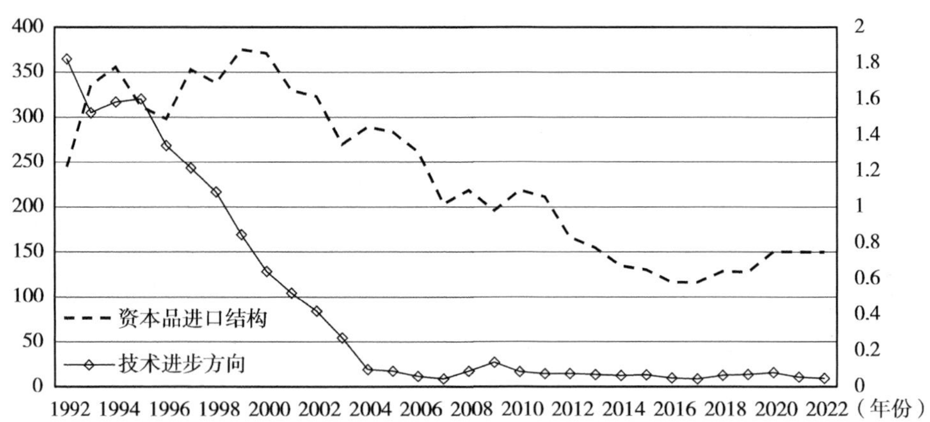

图 3-6 中国中间品进口贸易结构影响因素分析

数据来源:作者根据联合国统计署《商品贸易数据库》以及《中国统计年鉴》历年数据计算整理。

将 1992 年至 2022 年中国资本品进口贸易结构和技术进步方向同时置于图 3-6 中,其中技术进步方向为在参数取值为 $\sigma=0.813$ 和 $\nu=0.418$ 的假设下计算得到的,中国相对增进型技术进步并适用于图中左边纵轴而资本品进口贸易结构适用于右边纵轴。可以看到 1992 年至 1995 年相对增进型技术进步经历了一次先降后升的波动,由此导致了资本品进口贸易结构在 1992 年至 1999 年出现了系列波动。需要说明的是技术进步方向对资本品进口贸易结构的影响存在一定的滞后效应，因此资本品进口贸易结构在前三年并未改变原有变化趋势，而在 1994 年至 1999 年体现出来与相对增进型技术进步类似的一个先降后升的趋势。相对增进型技术进步在 1995 年以后基本呈现下降趋势，由此导致了资本品进口贸易结构在 1999 年以后虽略有波动但也呈现了逐年下降的趋势。可以看出中国技术进步方向与资本品进口贸易结构的变化规律基本一致，由此可以表明技术进步方向是影响中国资本品进口贸易结构的主导因素。①

（二）中国中间品进口贸易结构的因素分析

中间产品进口到国内以后一般是需要进行深加工和再生产，因此本土国有什么样的生产结构或者说产业结构则会形成什么样的中间品进口贸易结构格局，也就是说产业结构是影响中间品进口贸易结构的主导因素。除此以外，由于加工贸易是中国对外贸易的主要特点，产品生产出来主要用于出口，因此最终产品出口贸易结构也会间接影响中间品进口贸易结构。为了挖掘产业结构、最终产品出口贸易结构与中间品进口贸易结构之间的规律，笔者将三个指标同时置于图 3-7 中，产业结构和中间品进口贸易结构适用上图左边纵轴，而最终产品出口贸易结构适用右边纵轴。其中 1992 年至 2022 年的产业结构数据来源于《中国统计年鉴 2023》，我们用工业总产值与农业总产值之比来近似替代基于要素密集度划分的资本密集型与劳动密集型产业结构。最终产品出口贸易结构的计算和数据来源则与前文最终产品进口贸易结构的获取相同。

图 3-7 显示产业结构在 1992 年至 1993 年呈上升状态而在经历一年增长后开始下降，由此导致了中间品进口贸易结构也在最初几年呈现相似变换规

① 中国技术进步方向与资本品进口贸易结构的变化规律并非完全一致但这是可以理解的，因为除技术进步方向以外资本品进口贸易结构还会受到很多其他因素影响。

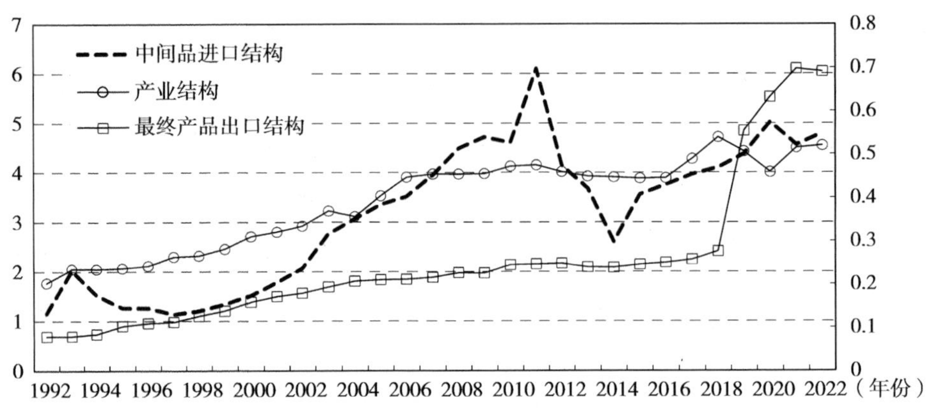

图 3-7　中国中间品进口贸易结构影响因素分析

数据来源：作者根据联合国统计署《商品贸易数据库》以及《中国统计年鉴》历年数据计算整理。

律即第一年增长而同样在 1993 年开始出现下降。产业结构在经历了下降后经过调整逐渐形成了相对稳定的上升趋势，直至 2011 年达到历史的峰值而后逐年下降，类似的也可以看到中间品进口贸易结构自 1993 年开始下降以后经历了几年调整，自 1997 年开始呈现出逐年增长的态势直至 2011 年达到高点而后开始下降，近些年产业结构和中间品进口结构分别呈现了由降反升的变化。可以看到中间品进口贸易结构与产业结构在取值上较为接近，这表明中间品进口贸易结构与本土产业结构是相互匹配的，此外两者的整体变化规律较为一致甚至于一些关键变化节点的年份也是相同的，由此表明产业结构是影响中国中间品进口贸易结构的重要原因。产业结构变化的波动较小而中间品进口贸易结构的波动相比则更加明显，但这是符合经济规律的，其原因是产业结构的变化是潜移默化的且趋于稳定所有产业结构的波动小是由其自身性质决定的，而中间品进口贸易结构是根据产业结构的变化所作出的调整，因此实际调整的幅度大于调整的预期是正常的。观察最终产品出口贸易结构的变化也可以发现较为相像的变化规律，在 1992 年至 2011 年最终产品出口贸易结构整体上呈现逐年上升的趋势，而在 2011 年达到最高点后逐年下降,直至2014年以后开始由降反升,然而无论在其波动程度上还是变化规律上,最终产品出口贸易结构皆略低于产业结构与中间品进口贸易结构的匹配度。

(三)中国最终产品进口贸易结构的因素分析

通过最终产品的进口可以用于满足国内消费者由于本土供给不足所带来的额外需求,因此最终产品进口贸易结构在本质上取决于国内的消费需求结构,而其他因素一般通过影响内需结构间接影响最终产品进口贸易结构。影响消费者内需结构的因素可以将其划分为主观因素和客观因素两个层面。在主观层面上主要指消费者自身的消费倾向,马斯洛的需求层次理论曾指出人的需求是有层次的并且一般按照由低层到高层的顺序不断追求和满足,而底层需求的产品多为劳动密集型产品,高层需求的产品多为资本密集型产品(技术密集型产品),因此随着需求层次的提高需求产品倾向于由劳动密集型产品向资本密集型产品迁移,遗憾的是消费者这种需求倾向很难进行定量表达;在客观层面上则主要和消费者购买力相关,主要涉及诸如消费者收入水平、商品价格水平和汇率等因素。在众多因素中汇率对于进口商品的影响至关重要,如果直接汇率越低则对进口商品的购买力越强,按照前文分析的消费者需求层次理论可知,对于资本密集型最终产品进口的需求比重倾向于越高也即最终产品进口贸易结构应该是上升的。

图3-8显示了1992年至2022年中国最终产品进口贸易结构以及人民币直接汇率的变化,其中直接汇率的数据来源于《中国统计年鉴2023》。可以看到在人民币直接汇率在1992年至1993年由5.51小幅提升至5.76,汇率的这次改变使得最终产品进口贸易结构于1993年达到峰值后改变继续上升的趋势并且由升转降。人民币直接汇率1993年以后继续保持上升势头至1994年增至8.62,经过连续两年人民币的大幅贬值导致了最终产品进口贸易结构在1993年以后的四年时间里逐年下降,可以说人民币直接汇

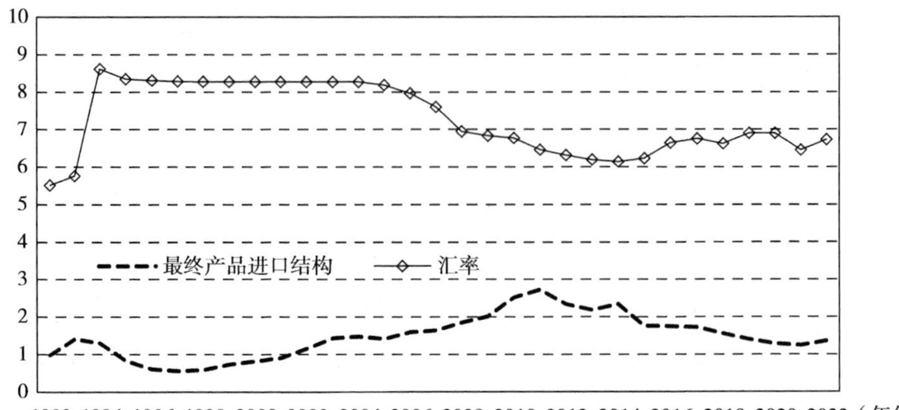

图 3-8　中国最终产品进口贸易结构影响因素分析

数据来源:作者根据联合国统计署《商品贸易数据库》以及《中国统计年鉴》历年数据计算整理。

率前两年的大幅增长对最终产品进口贸易结构的影响是较为深远的。然而自 1994 年以后人民币直接汇率开始缓慢而持续地呈现走低趋势由此导致了最终产品进口贸易结构从 1997 年以后基本呈现出上升态势,类似的汇率自 2014 年由降反升后间接导致了最终产品进口结构在短期达到高点后开始出现下降趋势。综上所述最终产品进口贸易结构与人民币直接汇率的变化基本呈现出“镜像”变化规律,符合我们的经济预期。当然最终产品进口贸易结构与人民币直接汇率的变化也并非完全一致,一方面是因为汇率对最终产品进口贸易结构的影响存在一定的滞后性;另一方面的原因是最终产品进口贸易结构除汇率以外还受到其他一些因素的影响。

第三节　中国的技术进步方向特征

一、技术进步方向的测度方法

现有关于技术进步方向主流的测度方法多是基于阿西莫格鲁(2002)

对技术进步方向的定义，假设生产函数为：$Y=F(A_K K, A_L L)$，Y代表产出，K为资本要素，L为劳动要素，A_K和A_L分别为资本增进的技术进步和劳动增进的技术进步。如本书第三章所述通常可以采取两个角度测度来反映技术进步方向的变化：一是通过相对增进型技术进步A_K/A_L的变化揭示技术进步方向；二是通过技术进步导致要素的相对边际产出变化来反映技术进步方向。而后者成为当前国内测度技术进步方向时所采用的主要手段，本书此处采用的方法借鉴了戴天仕、徐现祥（2010）的技术进步偏向性指数的定义：

$$TI_t=\frac{1}{\Delta_t}\frac{\partial\Delta_t}{\partial(A_{Kt}/A_{Lt})}\frac{d(A_{Kt}/A_{Lt})}{dt} \quad (3-8)$$

式（3-8）中TI_t表示技术进步偏向性指数，Δ_t为要素的相对边际产出，即$\Delta_t=(\partial Y_t/\partial K_t)/(\partial Y_t/\partial L_t)$，$A_{Kt}/A_{Lt}$是相对增进型技术进步。该技术进步偏向性指数表明了由技术进步因素导致的要素相对边际产出变化率，若$TI_t>0$表明技术进步偏向于资本，若$TI_t<0$则代表技术进步偏向于劳动，若$TI_t=0$时为中性技术进步。

假设CES形式的生产函数为：

$$Y_t=[\nu(A_{Kt}K_t)^{\frac{\sigma-1}{\sigma}}+(1-\nu)(A_{Lt}L_t)^{\frac{\sigma-1}{\sigma}}]^{\frac{\sigma}{\sigma-1}} \quad (3-9)$$

分别计算Y_t对K_t与L_t的偏导并相除可得：

$$\Delta_t\equiv\frac{\partial Y_t/\partial K_t}{\partial Y_t/\partial L_t}=\frac{\nu}{1-\nu}\left(\frac{A_{Kt}}{A_{Lt}}\right)^{1-\frac{1}{\sigma}}\left(\frac{K_t}{L_t}\right)^{\frac{-1}{\sigma}} \quad (3-10)$$

将式（3-10）对A_{Kt}/A_{Lt}求偏导可得：

$$\frac{\partial\Delta_t}{\partial(A_{Kt}/A_{Lt})}=\frac{\nu}{1-\nu}(1-\frac{1}{\sigma})\left(\frac{K_t}{L_t}\right)^{\frac{-1}{\sigma}}\left(\frac{A_{Kt}}{A_{Lt}}\right)^{-\frac{1}{\sigma}} \quad (3-11)$$

将式（3-11）代入式（3-8）并进行整理可得技术进步偏向性指数为：

$$TI_t=\left(\frac{\sigma-1}{\sigma}\right)\frac{d\ln(A_{Kt}/A_{Lt})}{dt} \quad (3-12)$$

式(3-12)相当于式(3-8)的显性形式,由式(3-12)可以看到相对增进型技术进步与技术进步偏向性指数的关系:要素替代弹性和相对增进型技术进步增长率同时决定了技术进步偏向性指数。① 如果要素替代弹性 $\sigma > 1$,则两者变化方向相同,而如果要素替代弹性 $\sigma < 1$,则两者变化方向相反。

厂商利润最大化时要求 $\partial Y_t / \partial K_t = r$ 和 $\partial Y_t / \partial L_t = w$,其中 r 和 w 分别代表资本和劳动要素的价格,因此 $r_t / w_t = \nu(1-\nu)^{-1}(A_{Kt}/A_{Lt})^{1-\frac{1}{\sigma}}(K_t/L_t)^{\frac{-1}{\sigma}}$,将式(3-12)两端同时乘以 K_t/L_t 并进行恒等变形可得:

$$\frac{A_{Kt}}{A_{Lt}} = \left(\frac{1-\nu}{\nu}\right)^{\frac{\sigma}{\sigma-1}} \left(\frac{K_t}{L_t}\right)^{-1} \left(\frac{r_t K_t}{w_t L_t}\right)^{\frac{\sigma}{\sigma-1}} \tag{3-13}$$

式(3-13)中的 K_t/L_t 为要素投入比, $r_t K_t / w_t L_t$ 为资本收入与劳动收入比,以上两个指标都可结合中国实际数据计算。如果参数 ν 和 σ 为已知则可计算相对增进型技术进步 A_{Kt}/A_{Lt} ,进一步根据式(3-12)求得技术进步偏向性指数 TI_t。

二、基于相对增进型技术进步的中国技术进步方向

根据式(3-13)可以计算中国的相对增进型技术进步。其中资本存量 K_t 与劳动投入 L_t 来源于刘志恒、王林辉(2015)各产业层面数值的汇总。资本与劳动收入比 $r_t K_t / w_t L_t$ 并无直接数据资料可以获取,《中国国内生产总值核算历史资料 1952—2004》提供了按收入法划分的国民经济产出,具体包括劳动者报酬及生产税净额、固定资产折旧和营业盈余等四部分数据。

① 式(3-12)中 $\frac{d\ln(A_{Kt}/A_{Lt})}{dt} = \frac{\dot{A}_{Kt}/A_{Lt}}{A_{Kt}/A_{Lt}}$,因此相当于相对增进型技术进步的增长率。

其中劳动者报酬归属于劳动收入而固定资产折旧和营业盈余归属于资本收入，生产税净额按比例 e 划归劳动收入，其中 e = 劳动者报酬/（劳动者报酬+固定资产折旧和营业盈余），生产税净额按比例 $1-e$ 划归资本收入。关于参数资本分配系数 ν 和要素替代弹性 σ 目前国内很多学者作出了估计，戴天仕、徐现祥（2010）的参数估计结果为：$\nu=0.411$，$\sigma=0.736$，而在剔除 2004 年与 2005 年数据影响后的参数估计结果为：$\nu=0.418$，$\sigma=0.813$；戴杰①（2012）基于不变要素技术增长率和可变要素增长率假设下运用 FGNLS 法对参数进行估计得到结果分别为：$\nu=0.455$，$\sigma=0.92$ 和 $\nu=0.398$，$\sigma=0.784$；陆雪琴、章上峰②（2013）参照克曼塔（Kmenta）近似方法估计参数得到结果为：$\nu=0.816$，$\sigma=0.777$；结合所获取的要素投入比和要素收入比指标数据，以及不同文献对中国要素替代弹性和资本分配系数估计结果，并根据式（3-13）计算得到了中国 1992—2022 年的相对增进型技术进步。

图 3-9 中同时计算了各不同参数估计结果下的中国相对增进型技术进步，其中当参数取值为 $\nu=0.418$，$\sigma=0.813$ 和 $\nu=0.398$，$\sigma=0.784$ 时相对增进型技术进步取值水平较为接近在该图中适用于左边纵轴，当参数取值为 $\nu=0.816$，$\sigma=0.777$ 计算得到的相对增进型技术进步取值较大，为便于和其他情形比较变化规律我们将原有数值除以 100 并且和 $\nu=0.398$，$\sigma=0.784$取值下的相对增进型技术进步共同适用图 3-9 中右边纵轴。可以看到虽然要素替代弹性和资本分配系数的估计结果存在差异从而相对增进型技术进步取值存在差异，但在整体上仍呈现出较为一致的变化规律：在整个时期内相对增进型技术进步 A_{Kt}/A_{Lt} 呈现出较为明显的下降趋势；其中

① 戴杰：《我国的技术进步偏向性及其影响因素分析》，吉林大学，硕士学位论文，2012 年。

② 陆雪琴、章上峰：《技术进步偏向定义及其测度》，《数量经济技术研究》2013 年第 8 期，第 20—34 页。

当参数为 $\nu=0.411$，$\sigma=0.736$ 或者 $\nu=0.398$，$\sigma=0.784$ 或者 $\nu=0.816$，$\sigma=0.777$ 这三种情形下相对增进型技术进步变化规律更为相似，即在 1992 年至 1993 年间相对增进型技术进步都经历了明显的下降而在 1993 年至 1995 年变化较为平稳，而后则呈现较为稳定下降的变化趋势；而当参数 $\nu=0.455$，$\sigma=0.92$ 时与其他情形相比相对增进型技术进步的波动更大，虽然其也在 1992 年至 1993 年经历了一次明显下降但却在接下来两年内有明显的提升而后再逐年下降，可以看出来这种情形下相对增进型技术进步无论上升速度还是下降速度都明显高于另外三种情形，对于此种情况本书将在后文试图给出原因。

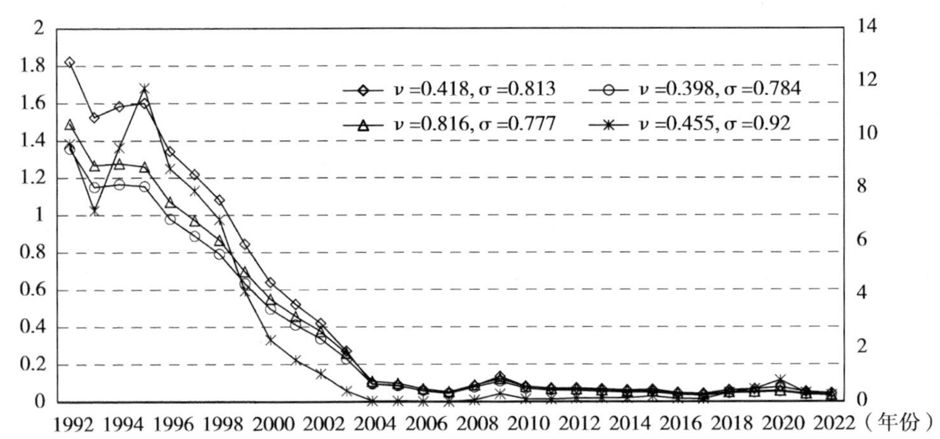

图 3-9　中国 1992—2022 年相对增进型技术进步

数据来源：作者根据联合国统计署《商品贸易数据库》以及《中国统计年鉴》历年数据计算整理。

三、基于技术进步方向指数的中国技术进步方向

以上面计算得到的中国 1992—2022 年相对增进型技术进步 A_{Kt}/A_{Lt} 数据为基础，按照式（3-12）的计算方法，笔者进一步得到了各参数不同取值下的 1992—2022 年中国技术进步偏向性指数，如表 3-5 所示。前述分析

得知若技术进步偏向性指数 TI_t 大于 0 表明技术进步方向偏向于资本要素，反之偏向于劳动要素。可以看到要素替代弹性和资本分配系数在不同取值下技术进步偏向性指数取值相近且在大多时间内符号相同，只有在个别年份比如 1995 年和 2012 年技术进步偏向性指数的绝对值接近 0 时才会出现正负符号的差异，由此表明虽然要素替代弹性和资本分配系数两个参数取值存在着差异但是并不会过多地影响技术进步偏向性指数的变化规律。从取值来看，在 1992 年技术进步偏向性指数皆大于 0 表明此时技术进步偏向于资本而后开始下降，至 1994 年技术进步偏向性指数皆小于 0 表明此时技术进步偏向于劳动，1995 年以后技术进步偏向性指数开始缓慢回升且从 1996 年开始一直保持大于 0，直至 2008 年和 2009 年两年间技术进步偏向性指数下降至小于 0 即技术进步再次偏向劳动，而后的 2010 年和 2011 年 TI_t 又快速回升至正值，2012—2014 年技术进步偏向特征不显著(个别参数设置导致技术进步偏向性指数符号不一致)，2015 年以后技术进步方向再次由偏向劳动转变为偏向资本。因此从技术进步偏向性指数的角度来看，在我们关注的时间段内中国的技术进步方向在绝大部分时间内是偏向于资本的，该结论与国内学者关于技术进步方向测度的相关研究是一致的。

表 3-5 中国 1992—2022 年技术进步方向指数

年份	ν=0.418	ν=0.455	ν=0.398	ν=0.816	年份	ν=0.418	ν=0.455	ν=0.398	ν=0.816
	σ=0.813	σ=0.92	σ=0.784	σ=0.777		σ=0.813	σ=0.92	σ=0.784	σ=0.777
1992	0.0699	0.0487	0.0746	0.0758	2008	−0.2181	−0.5708	−0.1929	−0.1877
1993	0.0377	0.0226	0.0423	0.0435	2009	−0.1287	−0.2936	−0.1119	−0.1082
1994	−0.0090	−0.0289	−0.0037	−0.0023	2010	0.0888	0.0558	0.0969	0.0989
1995	−0.0025	−0.0203	0.0026	0.0039	2011	0.0287	0.0078	0.0353	0.0370
1996	0.0372	0.0224	0.0417	0.0429	2012	−0.0018	−0.0286	0.0054	0.0072
1997	0.0214	0.0083	0.0255	0.0266	2013	0.0165	−0.0062	0.0235	0.0252
1998	0.0255	0.0118	0.0299	0.0310	2014	0.0181	−0.0035	0.0247	0.0264

续表

年份	ν=0.418	ν=0.455	ν=0.398	ν=0.816	年份	ν=0.418	ν=0.455	ν=0.398	ν=0.816
	σ=0.813	σ=0.92	σ=0.784	σ=0.777		σ=0.813	σ=0.92	σ=0.784	σ=0.777
1999	0.0502	0.0342	0.0546	0.0558	2015	−0.0122	−0.0402	−0.0052	−0.0035
2000	0.0557	0.0384	0.0602	0.0614	2016	0.0600	0.0380	0.0662	0.0677
2001	0.0430	0.0283	0.0473	0.0484	2017	0.0233	0.0077	0.0282	0.0295
2002	0.0447	0.0287	0.0494	0.0506	2018	−0.1020	−0.1913	−0.0917	−0.0893
2003	0.0812	0.0533	0.0878	0.0894	2019	−0.0168	−0.0342	−0.0125	−0.0114
2004	0.1490	0.0801	0.1627	0.1658	2020	−0.0356	−0.0592	−0.0309	−0.0297
2005	0.0210	0.0010	0.0272	0.0288	2021	0.0710	0.0502	0.0753	0.0764
2006	0.0747	0.0472	0.0821	0.0839	2022	0.0323	0.0212	0.0357	0.0365
2007	0.0553	0.0323	0.0623	0.0640					

数据来源:作者根据联合国统计署《商品贸易数据库》以及《中国统计年鉴》历年数据计算整理。

四、相对增进型技术进步与技术进步偏向性指数的比较分析

现有对中国技术方向测度的研究成果多是将重点集中在要素替代弹性和资本或劳动分配系数的估计上,如果估计方法越合理和参数估计越准确则意味着对中国技术方向测度越精准,本书虽然并不排斥这种思路但经文献研究发现,不同估计方法下参数值的差异还是比较明显的。前文将不同参数估计数值置入同一个分析框架内,相当于对相对增进型技术进步和技术进步偏向性指数的计算进行了敏感度分析。经过计算发现虽然参数取值存在差异,但相对增进型技术进步和技术进步偏向性指数仍然呈现出了相似的变化规律。通过比较图 3-9 和表 3-5 中对 1992 年至 2022 年中国相对增进型技术进步和技术进步偏向性指数的计算结果发现:在不同参数取值假定下技术进步偏向性指数从取值上到变化规律上更为相近,也

就是说相对增进型技术进步相比技术进步偏向性指数对参数取值的敏感性略强。因此本书在不同参数取值下归纳出来的中国技术进步方向变化规律的共性特征将更为可信,也表明除了参数取值外决定技术进步方向变化的应该还有其他更为重要的因素,下面将进一步分析其背后的数理原因。

式(3-13)体现了相对增进型技术进步的计算过程,可以看到要素投入比、要素收入比与要素替代弹性和资本分配系数两个参数共同决定了相对增进型技术进步,这也解释了为什么在不同参数取值设定下相对增进型技术进步的取值差异较大或者说相对增进型技术进步对参数的敏感性更强。将式(3-13)两端取对数并对时间 t 求导可得:

$$\frac{d\ln(A_{Kt}/A_{Lt})}{dt}=\frac{\sigma}{\sigma-1}\frac{d\ln(r_tK_t/w_tL_t)}{dt}-\frac{d\ln(K_t/L_t)}{dt} \tag{3-14}$$

将式(3-14)代入式(3-12)可将技术进步方向指数化为:

$$TI_{\mathrm{t}}=\frac{d\ln(r_tK_t/w_tL_t)}{dt}-\frac{\sigma-1}{\sigma}\frac{d\ln(K_t/L_t)}{dt} \tag{3-15}$$

式(3-15)体现了技术进步偏向性指数在计算时本质上是由要素收入比的增长率和要素投入比的增长率以及要素替代弹性共同决定的,而资本收入分配系数的取值并不会影响到技术进步偏向性指数的变化。① 由此可以看出,技术进步偏向性指数更多取决于要素收入比的增长率和要素投入比的增长率,因此相对于相对增进型技术进步来说,技术进步偏向性指数对参数的稳健性更大。然而在反映技术进步方向时相对增进型技术进步与技术进步偏向性指数属于两个完全不同的角度并适用于不同的场合,其中相

---

① 式(3-15)中 $\frac{d\ln(r_tK_t/w_tL_t)}{dt}=\frac{\dot{r_tK_t/w_tL_t}}{r_tK_t/w_tL_t}$ 并且 $\frac{d\ln(K_t/L_t)}{dt}=\frac{\dot{K_t/L_t}}{K_t/L_t}$。

对增进型技术进步体现的是技术进步对两种生产要素需求量的相对节约程度,而技术进步偏向性指数体现的是技术进步对两种生产要素相对边际产出的贡献。笔者认为相对增进型技术进步在体现技术进步方向时的优势是效果更为直接,而技术进步方向指数则需要以相对增进型技术进步变化为基础进一步考虑要素替代弹性的影响[根据式(3-12)易知],另外相对增进型技术进步在体现变化趋势时更加明显和稳定,而由于技术进步方向指数取值一般不大所以往往只是根据取值正负来判断技术进步发展方向。

本章小结

本章基于历史数据从不同视角计算和刻画了中国细分商品贸易规模和结构特征和技术进步方向特征,具体体现为:

第一,反映以要素密集度为视角的中国细分贸易品规模和结构特征。由于数据不能直接获取、划分标准不统一和相关研究不足等原因,此处成为本章乃至本书的一个难点。本书借助于联合国统计署提供的五位数 SITC 编码与 BEC 分类的对应关系,将其转化成了三位数的 SITC 分类和 BEC 分类的二维数据,从而设计出系列细分商品贸易指标的计算方法。测算了各细分贸易品规模,并以之为基础重点揭示了各维度划分下的中国进口贸易结构特征。首先,在 BEC 分类的维度上揭示了中国的资本品、中间产品与最终产品进口规模和结构,研究表明中间品进口占比一直居于最高且变化稳定,资本品进口占比略高于最终产品进口占比且两者基本呈现出“镜像”变化规律。其次,在 SITC 分类的维度上揭示中国劳动与资本密集型产品进口贸易结构特征,研究发现资本密集型产品进口占比一直明显高于劳动密集型产品进口占比。最后,以劳动与资本密集型产品为划分视角分别计算了中国资本品、中间品和最终产品的进口贸易结构。从取值看资本品进口贸易结构明显高于中间品和最终产品的进口贸易结构。从变化规律看，资本品进口贸易结构变化的波动较大但呈现先升后降的倒"U"型变化，中间品和最终产品进口贸易结构的变化规律较为相近且整体上都呈现出前低后高的"M"型变化。

第二，对中国进口贸易结构变化进行了影响因素分析。首先宏观且全面地探索了进口贸易结构的影响机制。将可能影响进口贸易结构的众多因素划分为外部因素和结构因素两个方面，其中主要外部因素包括国际经济环境、本国经济发展水平、汇率水平和知识产权保护等，主要结构因素包括产业结构、比较优势、外商直接投资、内需、政策导向、技术进步方向和出口等方面。其次对中国不同角度划分的进口贸易结构分别进行了影响因素分析。经分析得知，导致中国资本品、中间品和最终产品进口结构中中间品占比较高的原因主要是出口。资本密集型产品进口占比趋高的原因来源于中国在劳动密集型产品具有比较优势。而后侧重分析了基于要素密集度的中国资本品、中间产品与最终产品进口贸易结构形成原因：影响中国资本品进口贸易结构变化的主要原因是技术进步方向；中国中间品进口贸易结构主要受到产业结构影响，最终产品出口贸易结构对其变化也发挥了一定作用；在中国最终产品进口贸易结构变化中内需结构是主导因素而汇率是影响内需结构的重要方面。

第三，多视角刻画中国近年的技术进步方向特征。首先，借鉴戴天仕、徐现祥（2010）设计了相对增进型技术进步和技术进步偏向性指数的两种测度技术进步方向方法，结合相关数据以及不同文献相关参数的估计值分别对 1992 年至 2022 年中国相对增进型技术进步和技术进步偏向性指数进行了测算。结果表明：中国相对增进型技术进步整体上呈现持续下降趋势，技术进步偏向性指数在大多年份都大于 0 也即表明中国技术进步方向大多时候是偏向资本的。本书发现在不同参数设置下对于技术进步方向仍然可以得到较为一致的结论,由此表明参数并不是影响技术进步方向的主导因素。最后在数理角度上对技术进步方向的决定因素给出了更深层次的解释说明,同时对相对增进型技术进步与技术进步偏向性指数在数学性质与应用性上给出了评价。

第四章　细分贸易品对中国技术进步方向的影响:结构视角

回顾上一章对中国技术进步方向的测度研究发现:在研究的历史阶段内中国相对增进型技术进步 A_{Kt}/A_{Lt} 整体上呈现下降趋势,而技术进步偏向性指数在大多数年份大于0即表明中国的技术进步方向是偏向资本的,同时该研究结论也得到了国内大量相关研究的支持。① 虽然目前国内关于"技术进步方向"的研究颇多,但深入挖掘中国技术进步方向产生根源的研究则较为缺乏,且就笔者阅读所及,现有文献多以"技术进步偏向性指数"作为研究视角。在第二章的理论模型部分,本书已经在一定的假设前提下论证了中间品进口贸易结构和最终产品进口贸易结构对相对增进型技术进步的影响机制,然而若放开模型严格的假设,相对增进型技术进步的影响机制将会非常复杂且不易确定。因此本章将结合历史数据通过建立计量经济模型对中国相对增进型技术进步的影响机制进行实证检验,在模型中将重点考察资本品、中间品和最终产品等系列进口贸易结构指标对技术进步方向的影响。本章具体内容包括:第一,建立关于中国技术进步方向的基本的计量模型并交代数据来源;第二,对进口贸易结构与中国技术进步方向进行相关

① 参见第一章第二节中偏向技术进步的测度部分。

性分析,进一步明确变量之间的相关形态;第三,运用协整与误差修正模型检验资本品、中间品和最终产品等进口贸易结构和自主研发结构对中国相对增进型技术进步的短期影响及长期影响;第四,经过格兰杰因果关系检验进一步判定变量之间的因果关系;第五,借助方差分解分析各因素对相对增进型技术进步变化的贡献程度;第六,对模型的稳健性与合理性做进一步讨论。

第一节 研究方法与数据说明

一、计量经济模型的构建

此部分将建立一个描述技术进步方向影响机制的计量经济模型,其中的被解释变量被设定为相对增进型技术进步 A_K/A_L ,其中的 A_K 被假定为资本密集型产品部门技术进步, A_L 被假定为劳动密集型产品部门技术进步,而每一个部门的技术进步都有相应的内生决定机制。当前关于技术进步的内生性研究已经取得了大量研究成果,而自主研发和技术引进(技术模仿)已经成为学界公认的技术进步两个重要来源,对于发展中国家来说,通过技术引进可以充分发挥后发优势,实现对发达国家先进技术的快速追赶。科和埃尔普曼(Coe 和 Helpman①,1995)较早地就进口贸易对本土国家技术进步的影响进行了实证分析,其计量分析模型中同时考虑了自主研发和物化在进口产品中的国外先进技术的外溢效应,即通常所说的 CH 模型,用函数形式可以简单表示为: $A=f(R_d,Q_f)$, A 是技术进步,原文用全要素生产率近似替代, R_d

① Coe,D.T.,Helpman,E.,"International R&D Spillovers",*European Economic Review*,No. 39,1995,pp.859-887.

代表国内自主研发投入, Q_f 代表了国外研发投入带来的技术外溢效应。

借鉴 CH 模型的基本思想将自主研发投入和进口贸易作为影响技术进步的两个重要因素,与 CH 模型不同的是笔者将进口贸易产品细分为三类:资本品、中间品和最终产品。假设社会上存在两种生产部门:资本密集型产品生产部门和劳动密集型产品生产部门,则两部门的技术进步函数可表示为:

$$A_K = f(R_{dK}, Q_{1K}, Q_{2K}, Q_{3K}) \text{ 和 } A_L = f(R_{dL}, Q_{1L}, Q_{2L}, Q_{3L}) \quad (4-1)$$

式(4-1)中 A_K 与 A_L 是两个部门的技术进步, R_{dK} 与 R_{dL} 是两个部门本土研发投入, Q_{1K} 与 Q_{1L} 是两个部门资本品进口, Q_{2K} 与 Q_{2L} 代表两个部门中间品进口, Q_{3K} 与 Q_{3L} 为两个部门最终产品进口。当前问题归结为式(4-1)应该采取什么样的显性函数形式更为恰当? 如果将式(4-1)设定为各因素变量与技术进步的线性关系,则意味着技术进步函数各要素成为完全替代关系,显然与实际不符,因此本书与大多数研究方法相似,将式(4-1)设定为 C-D 形式,将上式进一步设定为:

$$A_K = c_K \cdot {R_d}_K^{\eta_{1K}} Q_{1K}^{\eta_{2K}} Q_{2K}^{\eta_{3K}} Q_{3K}^{\eta_{4K}} \text{ 和 } A_L = c_L \cdot {R_d}_L^{\eta_{1L}} Q_{1L}^{\eta_{2L}} Q_{2L}^{\eta_{3L}} Q_{3L}^{\eta_{4L}} \quad (4-2)$$

式(4-2)中 η_{1K} 和 η_{1L} 分别为两部门研发投入对技术的边际弹性, η_{2K} 和 η_{2L} 分别为两部门资本品进口对技术的边际弹性, η_{3K} 和 η_{3L} 分别为两部门中间品进口对技术的边际弹性, η_{4K} 和 η_{4L} 分别为两部门最终产品进口对技术的边际弹性, c_K 和 c_L 分别为两部门技术生产函数中的效率系数。若当两部门技术市场达到均衡时两部门各类要素对技术的边际弹性相等,也即有 $\eta_{1K} = \eta_{1L} \equiv \eta_1$, $\eta_{2K} = \eta_{2L} \equiv \eta_2$, $\eta_{3K} = \eta_{3L} \equiv \eta_3$ 和 $\eta_{4K} = \eta_{4L} \equiv \eta_4$,代入式(4-2)中两式并取对数可得:①

① 阿西莫格鲁(2002,2003)均有当两部门技术市场均衡时技术生产函数是无差异的假定。

$$\ln A_K = \ln c_K + \eta_1 \ln R_{d\ K} + \eta_2 \ln Q_{1K} + \eta_3 \ln Q_{2K} + \eta_4 \ln Q_{3K} \tag{4-3}$$

$$\ln A_L = \ln c_L + \eta_1 \ln R_{d\ L} + \eta_2 \ln Q_{1L} + \eta_3 \ln Q_{2L} + \eta_4 \ln Q_{3L} \tag{4-4}$$

将上面式(4-3)、式(4-4)相减并加入随机误差项和时间下标可得本章最终的基本计量经济模型为:

$$\ln \frac{A_{Kt}}{A_{Lt}} = c + \eta_1 \ln \frac{R_{dKt}}{R_{dLt}} + \eta_2 \ln \frac{Q_{1Kt}}{Q_{1Lt}} + \eta_3 \ln \frac{Q_{2Kt}}{Q_{2Lt}} + \eta_4 \ln \frac{Q_{3Kt}}{Q_{3Lt}} + \varepsilon_t \tag{4-5}$$

式(4-5)中 $\ln c_K/c_L \equiv c$,A_{Kt}/A_{Lt} 是我们关注的相对增进型技术进步,R_{dKt}/R_{dLt} 是本土两部门自主研发投入之比并代表了自主研发投入结构,Q_{1Kt}/Q_{1Lt} 是两部门资本品进口之比因此代表资本品进口贸易结构,Q_{2Kt}/Q_{2Lt} 是两部门中间品进口之比即中间品进口贸易结构,Q_{3Kt}/Q_{3Lt} 是两部门最终产品进口之比也即代表最终产品进口贸易结构。式(4-5)表明自主研发结构和资本品、中间品以及最终产品等结构化指标共同决定了相对增进型技术的进步。笔者注意到,国内挖掘技术进步方向产生根源的研究成果不多且多以总量指标因素进行解释,如戴杰(2012)在分析中国技术进步方向的产生原因时考虑了自主研发、市场结构、要素投入比、经济发展水平、人力资本、基础设施、全要素生产率(TFP)和贸易开放度等众多影响因素,但以上指标多为总量指标,其中市场结构虽为结构化指标但并非本书所指的基于要素密集度划分的结构化指标;与本书研究内容颇为接近的是陈欢和王燕(2015)基于 1980 年至 2011 年中国制造业面板数据实证检验了国际贸易对中国技术进步方向的影响,但文章在分析时同样多采用总量指标因素进行分析。技术进步方向是技术进步在发展过程中对于不同要素或不同部门的非均衡促进,因此是对技术进步的一种结构化描述,式(4-5)表明,对于技术进步方向这样的结构化指标用相应的结构化因素来解释将更有合理性。

二、数据来源

式(4-5)中设计的指标中,相对增进型技术进步 A_{Kt}/A_{Lt} 的计算参照第三章第三节的计算方法,在参数设定方面为分析方便此处只考虑戴天仕、徐现祥(2010)的估计结果: $\nu=0.418$, $\sigma=0.813$,这样便可得到中国1992年至2022年相对增进型技术进步数据;资本品进口贸易结构指标 Q_{1Kt}/Q_{1Lt}、中间品进口贸易结构指标 Q_{2Kt}/Q_{2Lt} 和最终产品进口贸易结构指标 Q_{3Kt}/Q_{3Lt} 的计算皆参考第三章第一节的计算结果,由此可以获取中国1992年至2022年相应种类产品进口贸易结构数据。式(4-5)中唯一尚未计算的指标是自主研发投入结构指标 R_{dKt}/R_{dLt},其中 R_{dKt} 代表资本密集型产品部门的研发投入, R_{dLt} 则是劳动密集型产品部门的研发投入,因此只要得知 R_{dKt} 与 R_{dLt} 便可计算研发投入结构指标。在《中国科技统计年鉴》中可以获取1992—2022年按行业不同划分的R&D投入的相关数据,需要指出的是,年鉴中历年报告的内容和统计口径存在着细微差异,但由于我们关注的是结构化指标 R_{dKt}/R_{dLt},在资本与劳动密集型产品两个部门研发投入相除以后可以最大限度地规避由于统计口径等原因所带来的误差。《中国科技统计年鉴》大致提供了37个行业的研发投入数据,因此仍然首先需要对行业类别进行划分,划分的主要依据是盛斌、马涛(2008)的行业划分方法,当《中国科技统计年鉴》中个别行业与盛斌、马涛(2008)所述不一致时,笔者则按行业性质进行定性归类。

表4-1给出的是《中国科技统计年鉴》中涉及的主要行业及按照要素密集度视角划分的每个行业所应归属的类别,其中A类代表初级产品部门,B类代表劳动和资源密集产品部门,C类代表低技术制造部门,D类代表中等技术制造部门,E类代表高等技术制造部门,F类为其他未归类部

门。为了与相对增进型技术进步和进口贸易结构等指标口径保持一致,此处将C类和D类产品制造部门归为资本密集型产业,C类和D类对应产业研发投入之和则为R_{dKt},B类对应产业研发投入之和则为R_{dLt},由此最终可计算得到自主研发投入结构指标R_{dKt}/R_{dLt}。

表4-1 基于要素密集度的各行业类别划分

行业名称	类别	行业名称	类别
煤炭开采和洗选业	A	非金属矿物制品业	B
石油和天然气开采业	A	黑色金属冶炼及压延加工业	C
黑色金属矿采选业	A	金属制品业	C
有色金属矿采选业	A	橡胶制品业	D
非金属矿采选业	A	通用设备制造业	D
农副食品加工业	A	专用设备制造业	D
食品制造业	A	交通运输设备制造业	D
化学纤维制造业	A	电气机械及器材制造业	D
有色金属冶炼及压延加工业	A	化学原料及化学制品制造业	E
水的生产和供应业	A	医药制造业	E
饮料制造业	B	塑料制品业	E
烟草制品业	B	通信设备、计算机及其他电子设备制造业	E
纺织业	B	仪器仪表及文化、办公用机械制造业	E
纺织服装、鞋、帽制造业	B	印刷业和记录媒介的复制	F
皮革、毛皮、羽毛(绒)及其制品业	B	文教体育用品制造业	F
木材加工及木、竹、藤、棕、草制品业	B	工艺品及其他制造业	F
家具制造业	B	电力、热力的生产和供应业	F
造纸及纸制品业	B	燃气生产和供应业	F
石油加工、炼焦及核燃料加工业	B		

第二节　进口商品贸易结构与技术进步方向的关联分析

在第二章的理论模型部分已经证明了中间品进口贸易结构（包括本章所述的资本品进口贸易结构和中间品进口贸易结构）和最终产品进口贸易结构（即本章所述最终产品进口贸易结构）对相对增进型技术进步存在影响，然而在实证分析过程中仍然有必要进一步明确变量之间的相关形态。因此本小节将基于第三章获取的中国历年资本品、中间品、最终产品进口贸易结构数据和中国相对增进型技术进步数据，对变量之间进行相关性分析，以期为后文进一步明确计量模型形态做准备。

一、各类型商品进口贸易结构与相对增进型技术进步的相关分析

有关资本品、中间品和最终产品进口贸易结构数据来源于式（3-7）计算得到的指标$\mu_{资本品}$、$\mu_{中间品}$、$\mu_{最终产品}$。相对增进型技术进步数据虽然在要素替代弹性和资本分配系数的不同参数设定下取值存在差异，但相对增进型技术进步的变化规律却对参数设定具有一定的稳健性，也就是说在研究变量之间相关性时对于参数的设定敏感性不大，这里本章只考虑了基于戴天仕、徐现祥（2010）的参数估计结果，即$\nu=0.411$，$\sigma=0.736$时计算得到的中国相对增进型技术进步。

图4-1显示了中国资本品进口贸易结构$\mu_{资本品}$与相对增进型技术进步A_{Kt}/A_{Lt}的相关关系，可以看到两个变量之间明显呈现非线性相关关系，进一

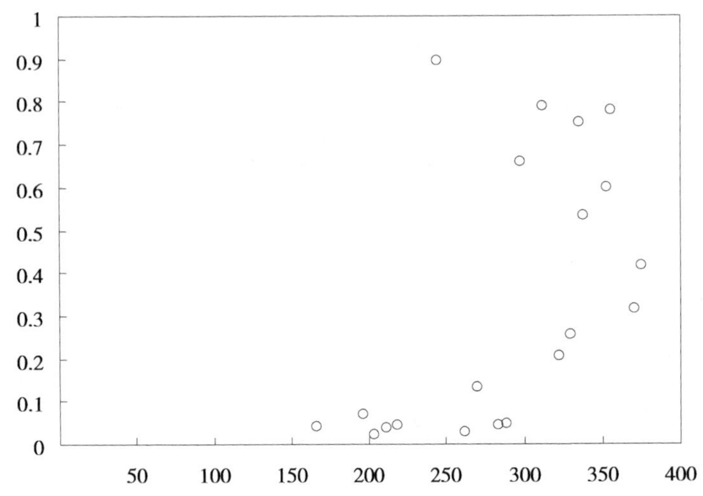

图 4-1　中国资本品进口贸易结构与相对增进型技术进步散点图

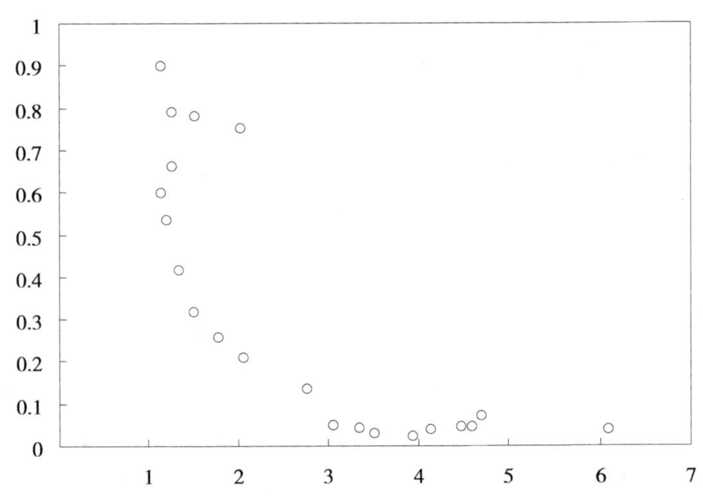

图 4-2　中国中间品进口贸易结构与相对增进型技术进步散点图

步计算两个变量之间的相关系数为：$r_{11}=0.571$，由此可以看出 $\mu_{资本品}$ 与 A_{Kt}/A_{Lt} 相关程度不高；图 4-2 显示了中国中间品进口贸易结构 $\mu_{中间品}$ 与相对增进型技术进步 A_{Kt}/A_{Lt} 的相关关系是非线性的，两个变量之间的相关系数为 $r_{12}=-0.794$，因此 $\mu_{中间品}$ 与 A_{Kt}/A_{Lt} 的相关性也不是很强；图 4-3 中揭

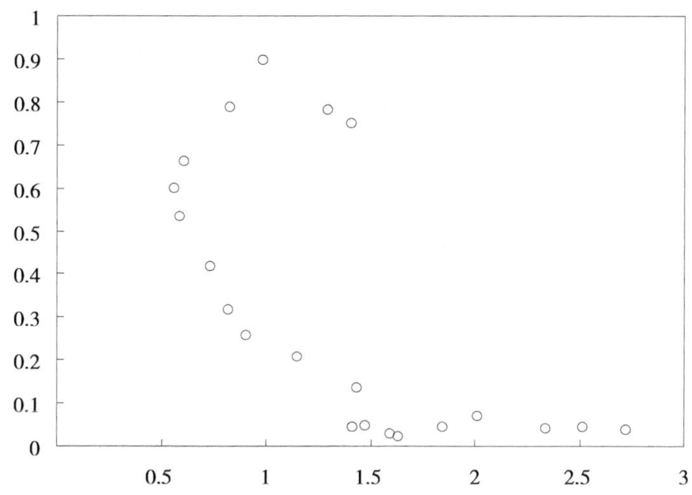

图 4-3　中国消费品进口贸易结构与相对增进型技术进步散点图

示了中国最终产品进口贸易结构 $\mu_{最终产品}$ 与相对增进型技术进步 A_{Kt}/A_{Lt} 的相关形态,可以看到该相关形态与图 4-2 中的相关形态较为相似且是非线性相关的,计算得到 $\mu_{最终产品}$ 与 A_{Kt}/A_{Lt} 的相关系数为: $r_{13}=-0.656$,表明变量之间相关程度不高。

二、对数化各类型商品进口贸易结构与相对增进型技术进步相关分析

下面将相对增进型技术进步 A_{Kt}/A_{Lt} 和几个进口贸易结构指标 $\mu_{资本品}$ 、$\mu_{中间品}$ 和 $\mu_{最终产品}$ 分别取对数得到新变量: $\ln A_{Kt}/A_{Lt}$ 、$\ln\mu_{资本品}$ 、$\ln\mu_{中间品}$ 和 $\ln\mu_{最终产品}$,进一步我们得到 $\ln\mu_{资本品}$ 、$\ln\mu_{中间品}$ 和 $\ln\mu_{最终产品}$ 分别与 $\ln A_{Kt}/A_{Lt}$ 的散点图。

图 4-4 显示了中国资本品进口贸易结构与相对增进型技术进步 $\mu_{资本品}$ 与相对增进型技术进步 A_{Kt}/A_{Lt} 在取对数以后两个变量之间的相关关系,从散点图中可以看到 $\ln\mu_{资本品}$ 与 $\ln A_{Kt}/A_{Lt}$ 之间呈正线性相关关系,进一步计算

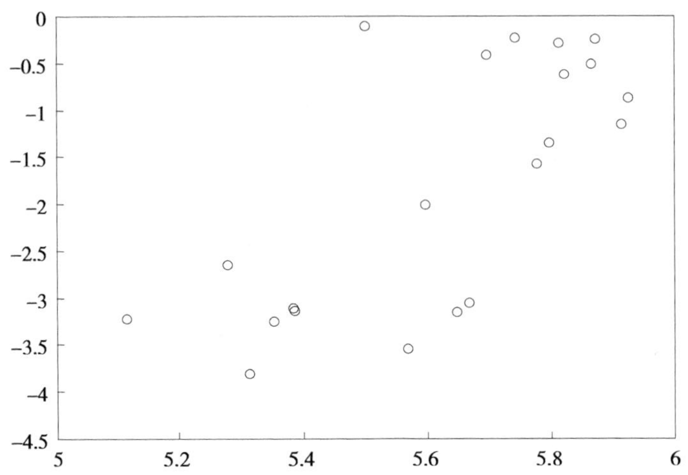

图 4-4　取对数后中国资本品进口贸易结构与相对增进型技术进步散点图

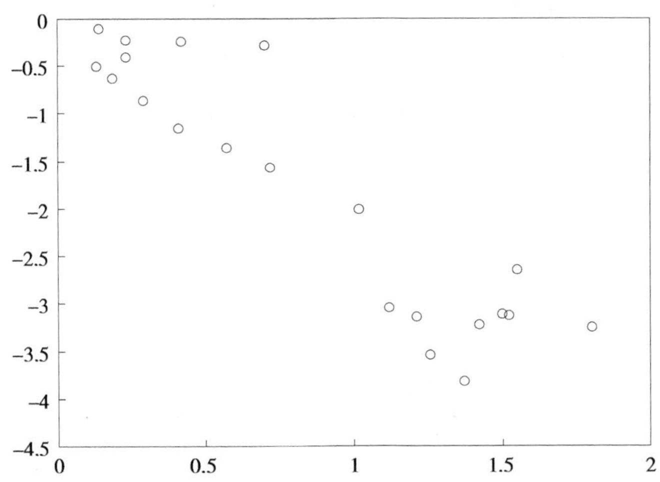

图 4-5　取对数后中国中间品进口贸易结构与相对增进型技术进步散点图

两个变量的相关系数为 $r_{21}=0.722$，与取对数之前两个变量之间的相关系数 $r_{11}=0.571$，相比明显提高了相关密切程度；图 4-5 描述了中国中间品进口贸易结构 $\mu_{中间品}$ 与相对增进型技术进步 A_{Kt}/A_{Lt} 在取对数以后两个变量之

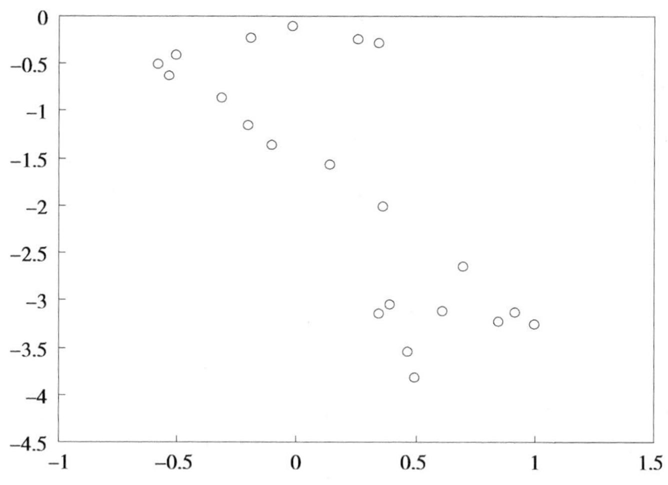

图 4-6　取对数后中国消费进口贸易结构与相对增进型技术进步散点图

间的相关形态,容易看到 $\ln\mu_{中间品}$ 与 $\ln A_{Kt}/A_{Lt}$ 之间呈现出较为明显的负线性相关关系,计算得到两个变量之间的相关系数为 $r_{22}=-0.920$,回顾取对数之前两变量之间的相关系数为 $r_{12}=-0.794$,因此取对数后变量之间呈现更为显著的线性相关;图 4-6 则揭示了取对数后的中国最终产品进口贸易结构和相对增进型技术进步的相关关系,可以看出两者呈现较明显的负线性相关,计算此时两个新变量间的相关系数得到 $r_{23}=-0.776$,而取对数之前两个变量的相关系数 $r_{13}=-0.656$,因此取对数变量之间的相关性也明显高于取对数之前。

第三节　协整与误差修正模型

一、变量的平稳性检验

式(4-5)是我们得到的基本的计量经济模型,然而如果直接用最小二乘法估计需要满足一定假设前提才会使得参数的估计结果可信。一般而言在对计量经济模型进行估计时要求各变量皆为平稳变量从而避免产生“伪回归”的问题，为此首先需要对上述相对增进型技术进步对数指标 $\ln A_{Kt}/A_{Lt}$ 、自主研发投入结构对数指标 $\ln R_{dKt}/R_{dLt}$ 、资本品进口贸易结构对数指标 $\ln Q_{1Kt}/Q_{1Lt}$ 、中间品进口贸易结构对数指标 $\ln Q_{2Kt}/Q_{2Lt}$ 和最终产品进口贸易结构对数指标 $\ln Q_{3Kt}/Q_{3Lt}$ 等各变量进行平稳性检验。目前检验变量是否平稳通常采用单位根检验法，其中较为常见的有 ADF 单位根检验(augmented Dickey-Fuller test)、DFGLS 检验(Dickey-Fuller test with GLS)、PP 检验(Phillips-Perron)等，此处笔者采用的方法是 ADF 单位检验法。

表 4-2　ADF 单位根检验

变量	检验形式	ADF	P 值	变量	检验形式	ADF	P 值
$\ln A_{Kt}/A_{Lt}$	(C,T,3)	-3.1788	0.1213	$\Delta\ln A_{Kt}/A_{Lt}$	(N,N,0)	-2.96592	0.0053
$\ln R_{dKt}/R_{dLt}$	(N,N,0)	0.5924	0.8358	$\Delta\ln R_{dKt}/R_{dLt}$	(N,N,0)	-4.48427	0.0001
$\ln Q_{1Kt}/Q_{1Lt}$	(C,T,0)	-3.3315	0.0898	$\Delta\ln Q_{1Kt}/Q_{1Lt}$	(N,N,0)	-4.89001	0.0001
$\ln Q_{2Kt}/Q_{2Lt}$	(C,T,4)	-2.2233	0.4467	$\Delta\ln Q_{2Kt}/Q_{2Lt}$	(C,N,0)	-5.26456	0.0005
$\ln Q_{3Kt}/Q_{3Lt}$	(C,T,1)	-5.8441	0.0008	$\Delta\ln Q_{3Kt}/Q_{3Lt}$	(N,N,0)	-2.85558	0.0068

注：检验形式(C,T,K)中，C 代表截距项，T 代表趋势项，若不存在记为 N，K 表示滞后阶数，Δ 表示求一阶差分。

表 4-2 显示若显著性水平取 5%，各原始变量除了 $\ln Q_{3Kt}/Q_{3Lt}$ 以外其余变量 P 值皆大于 5%从而未能通过显著性检验。变量 $\ln Q_{3Kt}/Q_{3Lt}$ 虽然通过了显著性检验，但其检验形式为($C,T,1$)属于趋势平稳，因此 $\ln Q_{3Kt}/Q_{3Lt}$ 也不能算作严格意义上的平稳序列。在各变量经过一阶差分以后可以看到 P 值皆小于 1%，因此当显著性水平取 5%和 1%时皆可通过检验也就是说差分后各变量不再存在单位根且为平稳变量而原始各变量均为一阶单整序列 $I(1)$。

二、协整关系检验

协整理论表明虽然各变量为非平稳变量,但如果各变量为同阶单整且变量之间彼此具有长期稳定的协整关系则仍然可以对其进行回归分析且不会存在“伪回归”问题。现有协整关系检验的方法主要可以分为两个方向:一种思路是由恩格尔和格兰杰(Engle & Granger)于 1987 年提出的 E-G 两步法,该方法主要思路是通过先建立一个回归方程并估计模型残差,通过判断残差是否平稳从而检验变量之间是否存在协整关系,E-G 两步法一般应用于单方程的情形;另一种方法是由约翰森(Johansen)在 1988 年和 1990 年与朱赛利斯(Juselius)共同提出的以 VAR 模型为基础通过检验回归系数来判断是否存在协整关系的方法,即通常所谓的约翰森协整关系检验或 JJ 检验,该协整关系检验方法的优势是适用于多变量和多方程的情形。虽然前文已经通过理论模型或其他相关文献证实了式(4-5)的合理性,但该式却有可能存在内生性问题。比如进口贸易结构对相对增进型技术进步存在影响,按照传统的比较优势理论国家之间产品生产技术的差异是国际贸易产生的基础,因此技术方向发生改变后反过来也可能会影响到进口贸易结构,同理其他变量之间也可能会存在这种彼此影响的内生性问题,因此如果直接对式(4-5)进行回归估计将会违背计量经济学基本假设而使得估计结果不可信。约翰森协整关系检验是以 VAR 模型为基础所做的检验,由于 VAR 模型是充分考虑了变量之间可能存在内生性问题多方程模型,因此选择约翰森协整关系检验进行分析将更为合理。

表 4-3　不同模型形式与约翰森协整关系检验

序列空间	无附加项	无附加项	有线性趋势	有线性趋势	二次趋势
协整方程	无截距	有截距	有截距	有截距	有截距
	无趋势	无趋势	无趋势	有趋势	有趋势
特征根迹检验	3	3	3	3	4
最大特征值检验	1	2	2	4	4
AIC	-4.0220	-4.4832	-4.4106	-6.6744	-6.4154
SC	-1.5366	-1.8736	-1.6767	-3.6048	-3.6878

注：AIC 和 SC 取值为不同协整关系个数假设下各协整关系检验模型中 AIC 和 SC 的平均值。

首先建立一个 VAR 模型，通过 AIC 和 SC 准则确定模型的最优滞后阶数为 2，由于协整关系检验模型是对原 VAR 模型的差分变换，因此协整关系检验模型中的最优滞后阶数为 1。此外协整关系检验模型有五种常用的模型形式需要进一步确定。表 4-3 中显示了特征根迹检验和最大特征值检验在五种不同协整关系检验模型的假定形式下的检验结果。可以看到无论何种模型形式均通过了协整关系检验。综合考虑 AIC 和 SC 的取值可以认定上述第四种形式为最优检验形式，即协整方程中有截距和趋势而在序列空间中有线性趋势最适合用于协整关系检验，下面给出了基于该检验形式的特征根迹检验和最大特征值检验的检验结果。

表 4-4　特征根迹检验结果

原假设	特征值	迹统计量	5%临界值	P 值
无协整关系*	0.9867	173.4821	174.4821	0.0000
至多 1 个协整关系*	0.8610	91.4263	92.4263	0.0001
至多 2 个协整关系*	0.7950	53.9289	54.9289	0.0028
至多 3 个协整关系	0.6429	23.8192	24.8192	0.0882
至多 4 个协整关系	0.2006	4.2532	5.2532	0.7052

注：*表示在显著性水平为 5%时拒绝原假设。

表 4-5　最大特征值检验结果

原假设	特征值	最大特征根统计量	5%临界值	P 值
无协整关系*	0. 9867	82. 0557	38. 3310	0. 0000
至多 1 个协整关系*	0. 8610	37. 4975	32. 1183	0. 0100
至多 2 个协整关系*	0. 7950	30. 1097	25. 8232	0. 0128
至多 3 个协整关系*	0. 6429	19. 5660	19. 3870	0. 0471
至多 4 个协整关系	0. 2006	4. 2532	12. 5180	0. 7052

注:* 表示在显著性水平为 5%时拒绝原假设。

表 4-4 显示的是运用特征根迹检验方法所得结果,表中第三个 P 值之前皆小于 5%故拒绝原假设,而从第四个 P 值开始皆大于 5%故不能拒绝原假设,由此断定变量之间可最多存在 3 个协整关系;表 4-5 显示的是运用最大特征值检验协整关系的结果,表中第四个 P 值之前均小于 5%故拒绝原假设,而第五个 P 值大于 5%故不能拒绝原假设,因此可知基于最大特征值检验方法下变量之间最多可存在 4 个协整关系。现在我们只考虑存在一个协整关系的情形,得到变量 $\ln A_{Kt}/A_{Lt}$ 与 $\ln R_{dKt}/R_{dLt}$ 、$\ln Q_{1Kt}/Q_{1Lt}$ 、$\ln Q_{2Kt}/Q_{2Lt}$ 、$\ln Q_{3Kt}/Q_{3Lt}$ 之间的长期协整方程为:

$$\ln A_{Kt}/A_{Lt}=-5.778+0.459T+5.933\ln R_{dKt}/R_{dLt}+0.416\ln Q_{1Kt}/Q_{1Lt} \quad (4-6)$$

$$\begin{matrix}(0.021) & (0.437) & (0.3)\\ [-22.244] & [-13.581] & [-1.389]\end{matrix}$$

$$-15.717\ln Q_{2Kt}/Q_{2Lt}+8.437\ln Q_{3Kt}/Q_{3Lt}$$

$$\begin{matrix}(0.638) & (0.404)\\ [24.619] & [-20.873]\end{matrix}$$

式(4-6)中中括号内数值是 t 统计量值,小括号内是估计标准误差,T 为时间因素。每一个自变量前系数的含义为该因素对相对增进型技术进步的边际弹性,经计算显著性水平为 5%时 t 分布的临界值约为 2. 12,由此可知除资本品进口贸易结构边际弹性外其余各自变量前系数皆是显著的。具体来看 T 前系数显著为正,表明抛开其他影响因素,相对增进型技术进步存在一个稳定增加的趋势,也就是说资本效率相对于劳动效率是不断增加的。技术进步体现的正是机器设备等生产工具效率不断提高并不断替代人力劳动的过程,因此相对增进型技术进步存在正向趋势符合预期。自主研发结构前系数为 5.933,其含义是若其他因素不变,自主研发结构增加 1%则相对增进型技术进步将增加 5.933%,因此长期来看自主研发结构是技术进步方向显著的正向促进因素。资本品进口贸易结构边际弹性为 0.416,该系数数值不大且不显著,表明长期资本品进口对相对增进型技术进步的作用并不明显。中间品进口贸易结构边际弹性为-15.717,即若中间品进口贸易结构变化 1%相对增进型技术进步将反向变化-15.717%,由此可知长期中间品进口贸易结构对相对增进型技术进步存在较为明显的负向抑制效应。该实证研究结论与前面理论分析是吻合的,回顾第二章在中间品进口贸易结构的长期动态分析中曾指出中间品进口可能会对本土研发市场形成冲击从而阻碍自主研发水平,因此"长期中间品进口贸易结构对偏向型技术进步存在负向的增长效应"。最终产品进口贸易结构的边际弹性为 8.437,即若最终产品进口贸易结构增加 1%会导致相对增进型技术进步增加 8.437%。虽然该结果与理论模型部分结论不一致但并不矛盾,理论模型部分的假设中本书并未考虑最终产品进口贸易对国外技术进步的间接作用,实际上最终产品进口会促进出口国技术的提升,再通过技术的外溢效应间接促进进口国技术进步,此处实证分析结果体现出来的正是该种间接效应。

三、向量误差修正模型

现已经证明变量 $\ln A_{Kt}/A_{Lt}$ 与 $\ln R_{dKt}/R_{dLt}$、$\ln Q_{1Kt}/Q_{1Lt}$、$\ln Q_{2Kt}/Q_{2Lt}$、$\ln Q_{3Kt}/Q_{3Lt}$

之间存在长期均衡稳定的协整关系,可以基于上述变量间的协整关系将其对应的自回归分布滞后模型经过差分变化转化为误差修正模型,模型自变量中包含了误差修正项ecm(长期协整关系模型的残差)和其他自变量的差分滞后项,因此误差修正模型的优势是能够同时体现长期均衡关系和各自变量对因变量的短期影响。由于前面的约翰森协整关系检验是基于VAR模型,VAR模型中每一个方程都可以转化成对应的误差修正模型,上述五个变量互为因变量最终可以得到五个方程所构成的方程组,由此便得到了向量误差修正模型(VEC模型)。由于相对增进型技术进步是本书关注重点,现在仅列举以 $\ln A_{Kt}/A_{Lt}$ 为因变量的误差修正模型估计结果。

$$\Delta\ln A_{Kt}/A_{Lt}=-0.102ecm_{t-1}+0.308\Delta\ln A_{Kt-1}/A_{Lt-1}-0.515\Delta\ln R_{dKt-1}/R_{dLt-1}$$

$$(0.164)\qquad(0.349)\qquad(0.928)$$

$$[-0.623]\qquad[0.881]\qquad[-0.555]$$

$$+0.966\Delta\ln Q_{1Kt-1}/Q_{1Lt-1}+0.941\Delta\ln Q_{2Kt-1}/Q_{2Lt-1}-1.091\Delta\ln Q_{3Kt-1}/Q_{3Lt-1}-0.105$$

$$(1.173)\qquad(1.775)\qquad(1.526)$$

$$[0.823]\qquad[0.53]\qquad[-0.715]$$

$$ecm_{t-1}=\ln A_{Kt-1}/A_{Lt-1}+5.778-0.459T-5.933\ln R_{dKt-1}/R_{dLt-1}-0.416\ln Q_{1Kt-1}/Q_{1Lt-1}+15.717\ln Q_{2Kt-1}/Q_{2Lt-1}-8.437\ln Q_{3Kt-1}/Q_{3Lt-1}\qquad(4-7)$$

式(4-7)中小括号内为参数的估计标准误差,中括号内为t统计量值,其中 ecm_{t-1} 为误差修正项并由上一期协整关系模型的残差计算得到。可以看到各变量前系数显著性都不是很高,笔者认为其原因是技术进步变化往往需要一个长期积累的过程,而误差修正模型体现的是各因素对因变量的短期影响,且本模型中自变量仅滞后一期,因此系数不显著是可以理解的,但并不妨碍我们对各因素与相对增进型技术进步作用方向的判断。ecm_{t-1} 前调整系数的大小代表了变量间长期趋势对相对增进型技术进步的调整能力,其数值-0.102是负数符合反向调节机制。其余自变量前系数反映了各因素增长率与相对增进型技术进步增长率的短期关系。$\Delta \ln A_{Kt-1}/A_{Lt-1}$前系数为0.308是正值,表明相对增进型技术进步前一期的技术状态对当期存在正向影响,该结论符合知识和技术不断累积的本质特征。$\Delta \ln R_{dKt-1}/R_{dLt-1}$前系数为-0.515,表明短期内自主研发投入对技术进步存在负向影响,笔者认为其原因是在短期内研发投入并不能很快带来收益,而更多体现出来的可能是对研发企业带来的成本负担,因此便呈现出该种负向效应。$\Delta \ln Q_{1Kt-1}/Q_{1Lt-1}$和$\Delta \ln Q_{2Kt-1}/Q_{2Lt-1}$前的系数分别为0.966和0.941且都是正值,表明短期内资本品进口贸易结构和中间品进口贸易结构对相对增进型技术进步存在正向影响,该实证分析所得结论与第二章理论分析结论:"短期中间品进口贸易结构对技术进步方向存在正向水平效应"是相一致的。$\Delta \ln Q_{3Kt-1}/Q_{3Lt-1}$前系数为-1.091,表明短期中国最终产品进口贸易结构对相对增进型技术进步有抑制作用,该结论再一次与前面理论模型结果相吻合。

第四节　格兰杰因果关系检验

在本章第一节中我们建立了基本的计量经济模型,由于变量之间有可能存在内生性问题,在第二节中以VAR模型为基础,通过约翰森协整关系检验证明了变量之间存在长期稳定的协整关系,而后又通过误差修正模型进一步探讨了变量之间的短期作用关系,然而变量之间的内生问题仍然未得到解决。格兰杰(Granger,1969)和西姆斯(Sims,1972)提供了一个判断变量之间因果关系的解决思路:假设存在两个变量x和y,如果x的滞后变量有助于解释y,或者说x的滞后变量可以显著地引入y为因变量的方程中去,则可以说 x 是 y 的格兰杰原因。以格兰杰因果关系检验思想为基础,下面拟分别进行长期因果关系检验和短期因果关系检验。关于短期与长期的区分存在着不同角度:有的是以时间长度为依据进行判断,时间短则被认定为短期,而时间长则被认定为长期;经济学意义上的短期是指在其他变量不变的条件下探讨自变量对因变量的影响,而长期则允许所有自变量皆可变;区分短期与长期应该主要依据模型的数学形式,如果模型反映的是原始变量之间的关系则认为是长期关系,比如前文协整关系模型中各变量皆为原始变量,因此模型反映出来的是变量之间的长期均稳定的协整关系。如果模型中包含的是差分后变量,由于变量经过差分后反映的是各自变量短期变化对因变量的影响,由此可以认为此时模型反映的是短期关系。比如误差修正模型表达的是变量经过差分变换之后的数学关系,因此反映的是变量之间的短期关系。

一、长期格兰杰因果关系检验

按照笔者对长期的定义,原始变量 $\ln A_{Kt}/A_{Lt}$、$\ln R_{dKt}/R_{dLt}$、$\ln Q_{1Kt}/Q_{1Lt}$、$\ln Q_{2Kt}/Q_{2Lt}$和 $\ln Q_{3Kt}/Q_{3Lt}$之间的因果关系即是我们所关注的长期因果关系。已经证明上述变量之间存在长期均衡的协整关系,因此可以基于这些变量构造 VAR 模型并进行估计,而确立 VAR 模型的关键是滞后阶数的确定,滞后阶数越多则越能反映自变量历史信息对因变量的影响,但同时也会丧失一定的自由度。由于 VAR 模型形式是各变量互为因变量而各变量的滞后变量为自变量的一个多方程模型,因此可以之为基础进行格兰杰因果关系检验。前文已经确定模型的最优滞后阶数为 2,故此处首先讨论 VAR(2)情形下变量之间的因果关系,括号内数字为滞后阶数。

表 4-6 基于 VAR(2)的长期格兰杰因果关系检验

自变量 \ 因变量	$\ln A_{Kt}/A_{Lt}$		$\ln R_{dKt}/R_{dLt}$		$\ln Q_{1Kt}/Q_{1Lt}$		$\ln Q_{2Kt}/Q_{2Lt}$		$\ln Q_{3Kt}/Q_{3Lt}$	
滞后阶数为1、2	wald统计量	P 值	wald统计量	P 值	wald统计量	P 值	wald统计量	P 值	wald统计量	P 值
$\ln A_{kt}/A_{lt}$	——	——	1.8847	0.3897	1.0349	0.5961	2.1438	0.3424	0.0970	0.9527
$\ln R_{dKt}/R_{dLt}$	2.8209	0.2440	——	——	0.0481	0.9762	0.2557	0.8800	1.1439	0.5644
$\ln Q_{1Kt}/Q_{1Lt}$	10.5899	0.0050	0.2720	0.8728	——	——	1.3153	0.5181	2.9717	0.2263
$\ln Q_{2Kt}/Q_{2Lt}$	7.7598	0.0207	0.2916	0.8643	0.2743	0.8718	——	——	2.8271	0.2433
$\ln Q_{3Kt}/Q_{3Lt}$	4.0545	0.1317	0.6264	0.7311	0.1392	0.9328	3.5064	0.1732	——	——
联合检验	15.3142	0.0533	7.7709	0.4562	12.2498	0.1404	17.8260	0.0226	31.3731	0.0001

注：自变量滞后阶数为 1、2 的含义是该检验中分别包含存在滞后阶数为 1 和 2 的两个自变量，比如表中第一行自变量实际上包括 lnA_{kt-1}/A_{lt-1} 和 lnA_{kt-2}/A_{lt-2}。

表 4-6 中显示了基于原 VAR(2)模型中五个方程所做的格兰杰因果关系检验结果，其中各列各表示针对不同变量作为因变量时对该方程进行的检验，各行表示每个变量在不同滞后阶数下的自变量以及对所有自变量进行的联合检验。按照格兰杰因果关系检验的思路，判断每个自变量是否为因变量格兰杰原因的依据是各阶滞后自变量前系数是否同时为零。以因变量 $\ln A_{Kt}/A_{Lt}$ 为例，假设自变量 $\ln A_{kt-1}/A_{lt-1}$ 和 $\ln A_{kt-2}/A_{lt-2}$ 的系数分别为 η_{11} 和 η_{12}，则原假设为 $H_0: \eta_{11} = \eta_{12} = 0$（自主研发投入结构不是相对增进型技术进步的格兰杰原因），可运用 wald 检验方法进行判断，表中列举了每一个对应检验的沃尔德（wald）统计量和 P 值。若显著性水平取为 5%时可判断得知：

在 $\ln A_{Kt}/A_{Lt}$ 的方程中，资本品进口贸易结构和中间品进口贸易结构是相对增进型技术进步的长期格兰杰原因。自主研发投入结构和最终产品进口贸易结构外生于相对增进型技术进步的概率分别是 0.244 和 0.132，即可以认定自主研发投入结构和最终产品进口贸易结构不是相对增进型技术进步的格兰杰原因,需要说明的是,虽然这两个变量均未通过显著性水平为5%的显著性检验,但P值大小的差异仍能为自变量相对于因变量的重要性提供一定的信息,即可以认为最终产品进口贸易结构与研发投入结构相比对相对增进型技术进步的作用更大。所有自变量联合检验外生于相对增进型技术进步的概率是0.053,不能通过显著性水平为5%的检验。在$\ln R_{dKt}/R_{dLt}$为因变量的方程中,相对增进型技术进步、资本品进口贸易结构、中间品进口贸易结构和最终产品进口贸易结构等因素均未能通过显著性检验,或者说它们都不是研发投入结构的格兰杰原因,由于P值皆较大在此不考虑它们对研发投入结构的重要性。且上述各因素的联合检验也不能拒绝原假设。在$\ln Q_{1Kt}/Q_{1Lt}$为因变量的方程中,相对增进型技术进步、自主研发投入结构、中间品进口贸易结构和最终产品进口贸易结构等因素以及联合检验的P值皆较大,因此上述变量无论是单独还是联合起来都不是资本品进口贸易结构的格兰杰原因。在$\ln Q_{2Kt}/Q_{2Lt}$为因变量的方程中,相对增进型技术进步、自主研发投入结构、资本品进口贸易结构和最终产品进口贸易结构等因素也皆不是中间品进口贸易结构的格兰杰原因,其中对最终产品进口贸易结构检验的P值相对较小,由此可知,与其他因素相比,最终产品进口贸易结构对中间品进口贸易结构的影响会大些。虽然各自变量单独检验均不显著但联合检验的伴随概率为0.023,因此中间品进口贸易结构内生于该经济系统。在$\ln Q_{3Kt}/Q_{3Lt}$为因变量的方程中,与前一个方程相似的是相对增进型技术进步、自主研发投入结构、资本品进口贸易结构、中间品进口贸易结构等自变量,单独来看都不是最终产品进口贸易结构的格兰杰原因,但联合检验却是极其显著的,故最终产品进口贸易结构内生于该系统。

上述分析结果皆是基于VAR(2)模型的假设下进行的检验,也就是说,每个自变量检验的滞后期包括滞后一期和滞后二期。目前国内很多相关实证研究比如洪宇①(2009)、李凯杰和曲如晓②(2011)、苏宏伟③(2012)等，皆是在VAR模型某固定滞后阶数下只进行了一次格兰杰因果关系检验，笔者认为，虽然在某一个固定阶数的VAR模型下进行格兰杰因果关系检验，可以得到一定的有价值的信息，但是并不全面，在数据长度允许的前提下讨论基于不同滞后阶数的VAR模型的格兰杰因果关系检验，可以得到更为丰富的信息，并且总结得到更为稳健的结论，因此下面我们将进一步以VAR(3)模型为基础对各变量进行长期的因果关系检验，其详细结果可见表4-7。

表4-7　基于VAR(3)的长期格兰杰因果关系检验

因变量 / 自变量	$\ln A_{Kt}/A_{Lt}$		$\ln R_{dKt}/R_{dLt}$		$\ln Q_{1Kt}/Q_{1Lt}$		$\ln Q_{2Kt}/Q_{2Lt}$		$\ln Q_{3Kt}/Q_{3Lt}$	
滞后阶数为1、2、3	wald统计量	P值	wald统计量	P值	wald统计量	P值	wald统计量	P值	wald统计量	P值
$\ln A_{kt}/A_{lt}$	—	—	0.771	0.856	66.112	0.000	1.527	0.676	11.743	0.008
$\ln R_{dKt}/R_{dLt}$	6.502	0.090	—	—	56.219	0.000	0.447	0.930	5.141	0.162
$\ln Q_{1Kt}/Q_{1Lt}$	15.455	0.002	2.956	0.398	—	—	6.162	0.104	17.687	0.001
$\ln Q_{2Kt}/Q_{2Lt}$	8.562	0.036	5.190	0.158	15.462	0.002	—	—	26.378	0.000
$\ln Q_{3Kt}/Q_{3Lt}$	6.883	0.076	5.264	0.154	30.612	0.000	4.752	0.191	—	—
联合检验	23.209	0.026	17.463	0.133	227.56	0.000	24.779	0.016	64.550	0.000

注：自变量滞后阶数为1、2、3的含义是该检验中包含存在滞后阶数为1、2、3的三个自变量，比如表中第一行自变量实际上包括$\ln A_{kt-1}/A_{lt-1}$、$\ln A_{kt-2}/A_{lt-2}$和$\ln A_{kt-3}/A_{lt-3}$。

在$\ln A_{Kt}/A_{Lt}$为因变量的方程中，资本品进口贸易结构和中间品进口贸

① 洪宇：《中国商品贸易模式演进与背离研究》，吉林大学，博士学位论文，2009年。

② 李凯杰、曲如晓：《技术进步对中国碳排放的影响——基于向量误差修正模型的实证研究》，《中国软科学》2012年第6期，第51—58页。

③ 苏宏伟、刘志恒：《日本高科技产品贸易模式实证分析》，《现代日本经济》2012年第4期，第27—36页。

易结构是相对增进型技术进步的长期格兰杰原因,自主研发投入结构和最终产品进口贸易结构外生于相对增进型技术进步的概率分别是 0.09 和 0.076,虽然显著性水平取 5%时可以认定自主研发投入结构和最终产品进口贸易结构不是相对增进型技术进步的格兰杰原因,但却均可以通过 10%显著性水平下的检验,相对于 VAR(2)时的检验由于增加了一个滞后期,显著性均得到了明显的提高。因此可以认为自主研发投入结构和最终产品进口贸易结构仍然是分析相对增进型技术进步不容忽视的影响因素。所有自变量的联合检验外生于相对增进型技术进步的概率是 0.026,因此联合自变量是相对增进型技术进步的格兰杰原因。在 $\ln R_{dKt}/R_{dLt}$ 为因变量的方程中,相对增进型技术进步、资本品进口贸易结构、中间品进口贸易结构和最终产品进口贸易结构等因素均未能通过 5% 显著性水平下的检验,或者说它们都不是研发投入结构的格兰杰原因,且上述各因素的联合检验也不能拒绝原假设。我们看到虽然增加一个滞后期的自变量但所得结论仍与 VAR(2)时的检验相同。在 $\ln Q_{1Kt}/Q_{1Lt}$ 为因变量的方程中,相对增进型技术进步、自主研发投入结构、中间品进口贸易结构和最终产品进口贸易结构等因素以及联合检验的伴随概率皆很低,因此上述变量无论是单独还是联合起来,都是资本品进口贸易结构的格兰杰原因。虽然得到了与 VAR(2)完全不同的结论,但由于此时各检验的显著性都极高,因此笔者认为在分析资本品进口贸易结构时上述各因素存在很大的内生可能,它们对资本品进口贸易结构的长期累积效应不容忽视。在 $\ln Q_{2Kt}/Q_{2Lt}$ 为因变量的方程中,相对增进型技术进步、自主研发投入结构、资本品进口贸易结构和最终产品进口贸易结构等因素也都不是中间品进口贸易结构的格兰杰原因,联合检验的伴随概率为 0.016,因此中间品进口贸易结构内生于该经济系统。与基于 VAR(2)的格兰杰检验结果相比,除伴随概率有所下降外其余结论都是一致的。在 $\ln Q_{3Kt}/Q_{3Lt}$ 为因变量的方程中,对自主研发投入结构因素检验的 P 值是0.162,故可以认定其不是最终产品进口贸易结构的长期格兰杰原因,除此以外相对增进型技术进步、资本品进口贸易结构、中间品进口贸易结构和联合自变量等皆是最终产品进口贸易结构的格兰杰原因,且显著性较高。

上面分别基于VAR(2)与VAR(3)两个不同模型进行长期的格兰杰因果关系检验,并得到了不完全一致的结论,那么如何看待两组不同的结果呢?笔者认为在直观上增加一个滞后阶数的自变量一般而言会增加该类因素对因变量的解释力并带来相应P值的下降,而其关键在于该P值下降的幅度,如果VAR(2)与VAR(3)两种情形下的格兰杰因果关系检验得到的结论一致时,我们认为该结论是稳健的,如果VAR(3)与VAR(2)结论不一致时则两个不同的结论都需要谨慎考虑。表4-8中归纳了两组结果及其比较。

表4-8　基于VAR(2)和VAR(3)的长期因果关系检验结果比较

因变量 / 自变量	$\ln A_{Kt}/A_{Lt}$		$\ln R_{dKt}/R_{dLt}$		$\ln Q_{1Kt}/Q_{1Lt}$		$\ln Q_{2Kt}/Q_{2Lt}$		$\ln Q_{3Kt}/Q_{3Lt}$	
	VAR(2)	VAR(3)	VAR(2)	VAR(3)	VAR(2)	VAR(3)	VAR(2)	VAR(3)	VAR(2)	VAR(3)
$\ln A_{kt}/A_{lt}$	—	—	否	否	否	是	否	否	否	是
$\ln R_{dKt}/R_{dLt}$	否	否	—	—	否	是	否	否	否	否
$\ln Q_{1Kt}/Q_{1Lt}$	是	是	否	否	—	—	否	否	否	是
$\ln Q_{2Kt}/Q_{2Lt}$	是	是	否	否	否	是	—	—	否	是
$\ln Q_{3Kt}/Q_{3Lt}$	否	否	否	否	否	是	否	否	—	—
联合检验	否	是	否	否	否	是	是	是	是	是

注:显著性水平取为5%,表中"是"表示该自变量是对应因变量的格兰杰原因,"否"的含义相反。灰色部分为稳健结论。

表4-8较为全面地汇总了前文基于VAR(2)与VAR(3)两种情形下的格兰杰因果关系检验结果。从稳健结论中可以看到,自主研发投入结构是完全外生于该模型系统的,该结论与现实较为吻合,原因是研究与发展(R&D)经费一般主要依赖于国家政策导向,因此多为外生变量。类似的中间品进口

贸易结构皆外生于其他各变量,由此表明中国的中间品进口贸易大多由政策主导。关于“不稳健结论”需要特别说明的是,检验标准或前提不同统计检验结论也会存在不同,比如显著性水平不同取值时会导致结论存在变化,类似的 VAR(2)与 VAR(3)两种情形下的格兰杰因果关系检验结果存在差异也是正常的并不矛盾,因此当两组结论不同而不能得到稳健结论时则两组不同结论都是必要的。

二、短期格兰杰因果关系检验

基于误差修正模型可以对变量之间进行短期的格兰杰因果关系检验,确定误差修正模型的关键仍然是滞后阶数。前文已经根据 VAR 模型的最优滞后阶数得到误差修正模型的滞后阶数为 1,且由于数据长度的限制滞后阶数不能大于 1,因此与长期格兰杰因果关系检验不同,此处只能基于滞后阶数为 1 的误差修正模型进行短期因果关系检验。假设误差修正模型中 $\Delta\ln A_{Kt}/A_{Lt}$ 为因变量的方程形式为:

$$\Delta\ln\frac{A_{Kt}}{A_{Lt}}=\varphi_{10}ecm_{t-1}+\varphi_{11}\Delta\ln\frac{A_{Kt-1}}{A_{Lt-1}}+\varphi_{12}\Delta\ln\frac{R_{dKt-1}}{R_{dLt-1}}+\varphi_{13}\Delta\ln\frac{Q_{1Kt-1}}{Q_{1Lt-1}}+$$

$$\varphi_{14}\Delta\ln\frac{Q_{2Kt-1}}{Q_{2Lt-1}}+\varphi_{15}\Delta\ln\frac{Q_{3Kt-1}}{Q_{3Lt-1}}+\varepsilon_t \qquad (4-8)$$

式(4-8)中 φ_{10} 为调整系数,其含义能表明长期均衡趋势对相对增进型技术进步的短期调整能力,参数 φ_{11} 、φ_{12} 、φ_{13} 、φ_{14} 和 φ_{15} 分别代表滞后一期的相对增进型技术进步、自主研发投入结构、资本品进口贸易结构、中间品进口贸易结构和最终产品进口贸易结构对相对增进型技术进步的短期影响,由于模型中自变量均为滞后一期,因此判断参数 φ_{10} 、φ_{11} 、φ_{12} 、φ_{13} 、φ_{14} 和 φ_{15} 是否显著不为 0 则可以判断每个自变量是否为因变量的短期格兰杰原因。需要特别说明的是,有些研究中将 $\varphi_{10}=0$ 的检验归属为长期格兰杰因果关系检验,其依据是误差修正项 ecm_{t-1} 代表的是长期均衡回归模型的残差,而笔者将其归属到短期格兰杰因果关系检验的原因是因变量为差分形式,因此 φ_{10} 代表的是长期因素对相对增进型技术进步的短期影响。此外由于此处只有一个滞后阶数,因此此时的格兰杰因果关系检验在形式上似乎与普通回归模型系数的显著性检验没有差异,但两种检验无论是在检验思想还是检验手段上都存在本质上的不同,因此短期的格兰杰因果关系检验仍然是必要的。

表 4-9 短期格兰杰因果关系检验

因变量 / 自变量	$\Delta\ln A_{Kt}/A_{Lt}$		$\Delta\ln R_{dKt}/R_{dLt}$		$\Delta\ln Q_{1Kt}/Q_{1Lt}$		$\Delta\ln Q_{2Kt}/Q_{2Lt}$		$\Delta\ln Q_{3Kt}/Q_{3Lt}$	
	wald 统计量	P 值	wald 统计量	P 值	wald 统计量	P 值	wald 统计量	P 值	wald 统计量	P 值
$\Delta\ln A_{k-t}/A_{lt-1}$	——	——	0.745	0.388	0.509	0.476	0.046	0.831	1.619	0.203
$\Delta\ln R_{dKt-1}/R_{dLt-1}$	0.308	0.579	——	——	0.027	0.871	0.000	0.996	0.074	0.786
$\Delta\ln Q_{1Kt-1}/Q_{1L-1t}$	0.678	0.410	0.047	0.829	——	——	0.119	0.730	0.000	0.985
$\Delta\ln Q_{2Kt-1}/Q_{2Lt-1}$	0.281	0.596	0.067	0.795	0.406	0.524	——	——	1.658	0.198
$\Delta\ln Q_{3Kt-1}/Q_{3Lt-1}$	0.511	0.475	0.071	0.789	0.305	0.581	0.317	0.573	——	——
联合检验	1.374	0.849	1.900	0.754	0.679	0.954	0.350	0.986	3.970	0.410

表 4-9 中每一列分别对应误差修正模型中一个方程,而各行对应各自变量以及联合检验,与长期因关系检验类似报告了每次 wald 检验的统计量和 P 值。可以看到在 $\Delta\ln A_{Kt}/A_{Lt}$、$\Delta\ln R_{dKt}/R_{dLt}$、$\Delta\ln Q_{1Kt}/Q_{1Lt}$、$\Delta\ln Q_{2Kt}/Q_{2Lt}$ 和 $\Delta\ln Q_{3Kt}/Q_{3Lt}$ 分别为因变量的五个方程中,各自变量无论是单独检验还是联合检验均不能通过显著性水平为 5%的检验,也就是说严格意义上来说,在短期内相对增进型技术进步、自主研发结构、资本品进口贸易结构、中间品

进口贸易结构和最终产品进口贸易结构不是彼此的短期格兰杰原因。虽然不同检验的结论是相同的。然而各统计量的伴随概率却存在差异,如前文所述这些 P 值仍然可以为我们提供一定有价值的信息,且其中个别 P 值是相对较小的。另一个造成 P 值偏大的原因是所选取指标的数据长度有限,使得本检验的误差修正模型中只能包含一阶滞后的自变量,如果滞后阶数增加表 4-9 中较小 P 值的自变量极有可能成为因变量的短期格兰杰原因,这也成为本书略有缺憾之处。

第五节　方差分解分析

为进一步权衡各自变量变化对因变量变化的贡献程度,在本小节将以前文估计的 VAR(2)模型为基础进行乔里斯基(Cholesky)方差分解分析。由于技术进步方向一直是本书关注的重点,如图 4-7 所示,本节只给出相对增进型技术进步为因变量的方程的方差分解结果。

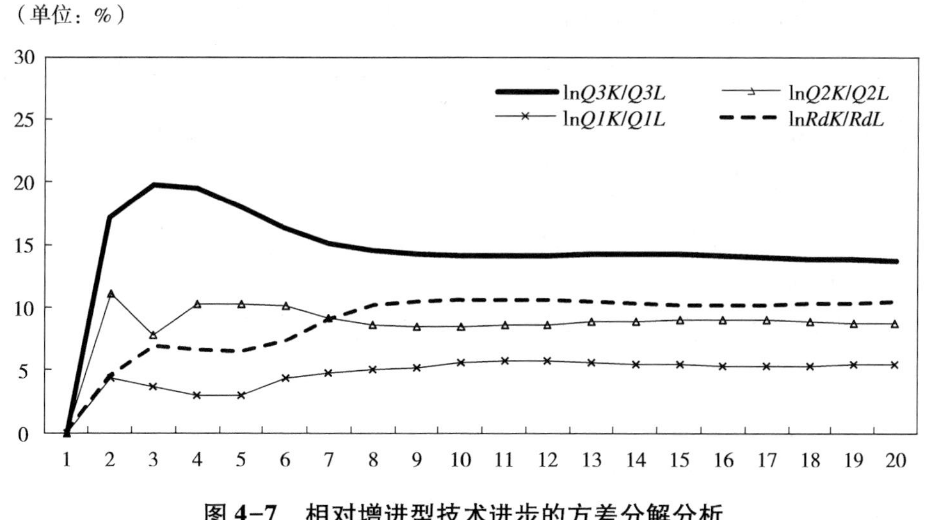

图 4-7　相对增进型技术进步的方差分解分析

图 4-7 体现了除相对增进型技术进步自身的滞后因素以外，自主研发结构（$\ln R_{dKt}/R_{dLt}$）、资本品进口贸易结构（$\ln Q_{1Kt}/Q_{1Lt}$）、中间品进口贸易结构（$\ln Q_{2Kt}/Q_{2Lt}$）、最终产品进口贸易结构（$\ln Q_{3Kt}/Q_{3Lt}$）等因素冲击后在 20 期内对于相对增进型技术进步（$\ln A_{Kt}/A_{Lt}$）方差的贡献。其中最终产品进口贸易结构对相对增进型技术进步的影响在第 3 期达到最大值 19. 82%而后逐年下降，在后 10 期逐渐趋于稳定且大致保持在 14%左右。从取值上看与其他影响因素相比，最终产品进口贸易结构对相对增进型技术进步方差的贡献率为最高。从自主研发投入结构对相对增进型技术进步变化的影响轨迹可以看到，自主研发投入结构并不像其他因素见效那么快，其影响力是缓慢并逐渐扩大的，至 11 期达到最大值 10. 60%而后逐渐趋向稳定。该结论表明依赖于自主研发的途径来促进技术进步是一个漫长的过程。对相对增进型技术进步的变化影响，居于第三位的是中间品进口贸易结构，其对相对增进型技术进步方差的贡献在第 2 期达到最大值 11. 14%，在第 3 期经历一次明显下降而后快速回升至 10%左右，第 10 期以后中间品进口贸易结构对相对增进型技术进步的影响力逐渐趋于稳定且基本保持在约 8. 7%。对相对增进型技术进步的变化影响力最弱的是资本品进口贸易结构，从变化规律看在第 2 期达到一次峰值为 4. 39%而后逐年下降，直至第 5 期降至最低值 2. 91%，从第 6 期开始资本品进口贸易结构的影响力缓慢回升并基本稳定在 5. 4%左右。

第六节　模型的稳健性与合理性分析

前面根据第一小节构建的基本计量经济学模型进行了若干角度的时间序列分析，然而如果该基本计量模型对相关参数设置敏感或者指标选择不合理将会使得影响后续系列分析结果的可信度,因此有必要对模型的稳健性与合理性进行分析。

一、稳健性分析

为突显模型结果的稳健性可以采用不同的角度和方式,比如通过调整参数、数据、变量和估计方法等来看结果是否稳定。笔者认为本章计量模型的最大不稳定因素是作为因变量的相对增进型技术进步的计算。回顾第四章中国技术进步方向的测度部分,要素替代弹性和资本分配系数两个参数在不同设置下将会得到不同的相对增进型技术进步数据。本章实证分析中涉及的相对增进型技术进步指标主要参考的是在戴天仕、徐现祥(2010)参数估计结果: $\nu = 0.418$, $\sigma = 0.813$ 的假设下计算得到的并将其记作 A_{K1}/A_{L1} ,为证明前文实证分析结果具有稳健性,现在以戴杰(2012)基于可变要素增长率假设下所得参数估计结果 $\nu = 0.398$, $\sigma = 0.784$ 为基础,重新计算相对增进型技术进步指标,并记作 A_{K2}/A_{L2} 。式(4-5)是最为基础的计量经济模型且后文的系列时间序列分析方法都以该式为基础,为方便分析和比较本节基于两组不同的相对增进型技术进步数据,且仅运用最简单的OLS方法分别对其进行估计,通过比较两组不同的模型估计结果来验证计量模型的稳健性。

表4-10和表4-11分别展现了以 $\ln A_{K1}/A_{L1}$ 和 $\ln A_{K2}/A_{L2}$ 为因变量的回归估计结果。① 可以看到两组估计结果中各对应自变量前系数符号相同且取值较为接近,不仅如此两组回归结果的标准误差、t 统计量和 P 值等各方

① 式(4-5)在经回归估计后截距项不显著而剔除截距项后重新估计则大大提高了各自变量的显著性。

面取值都极为接近。比较两组结果的调整的判定系数 R^2 发现取值都在 0.9 以上，同时表明模型的整体拟合效果都很好。因此证明了前文适用的基本计量经济模型具有一定的稳健性，即便后文的分析中均只通过 A_{K1}/A_{L1} 测度相对增进型技术进步，但其分析结果却具有一定的代表性而并不会因为数据的差异对结果造成太大影响。

表 4-10　基于 A_{K1}/A_{L1} 的 OLS 回归结果

自变量	系数	标准误差	t 统计量	p 值
$\ln R_{dKt}/R_{dLt}$	-1.906	0.720	-2.648	0.017
$\ln Q_{1Kt}/Q_{1Lt}$	0.402	0.112	3.594	0.002
$\ln Q_{2Kt}/Q_{2Lt}$	-1.889	0.725	-2.604	0.019
$\ln Q_{3Kt}/Q_{3Lt}$	0.916	0.580	1.580	0.133

注：调整的判定系数 R^2 为 0.911。

表 4-11　基于 A_{K2}/A_{L2} 的 OLS 回归结果

自变量	系数	标准误差	t 统计量	p 值
$\ln R_{dKt}/R_{dLt}$	-1.711	0.619	-2.764	0.013
$\ln Q_{1Kt}/Q_{1Lt}$	0.307	0.096	3.194	0.005
$\ln Q_{2Kt}/Q_{2Lt}$	-1.794	0.624	-2.877	0.011
$\ln Q_{3Kt}/Q_{3Lt}$	0.838	0.499	1.680	0.111

注：调整的判定系数 R^2 为 0.923。

二、合理性分析

技术进步方向是本书关注的重点，如前文所述可以通过相对增进型技术进步和技术进步方向指数两个不同的角度来反映，前面在基本计量模型式(4-5)中的因变量采用的是相对增进型技术进步,然而运用技术进步方向指数作为因变量是否更为合理和更具优势呢？下面将式(4-5)中的因变量替换为技术进步偏向性指数 TI_t ,由此得到新的基本计量经济模型为:

$$TI_t = c' + \eta'_1 \ln \frac{R_{dKt}}{R_{dLt}} + \eta'_2 \ln \frac{Q_{1Kt}}{Q_{1Lt}} + \eta'_3 \ln \frac{Q_{2Kt}}{Q_{2Lt}} + \eta'_4 \ln \frac{Q_{3Kt}}{Q_{3Lt}} + \varepsilon'_t \tag{4-9}$$

为与式(4-5)相区分,在式(4-9)中各变量系数前均对应地增加了上脚标。其中技术进步方向指数数据的计算参照第三章第三小节,自主研发结构、资本品进口贸易结构、中间品进口贸易结构与最终产品进口贸易结构等指标计算与式(4-5)相同。为便于与表 4-10 回归估计结果相比较,此处亦剔除截距项后再对式(4-9)进行估计。

从表 4-12 中可以看出当因变量由相对增进型技术进步替换为技术进步偏向性指数以后,自主研发结构、资本品进口贸易结构、中间品进口贸易结构与最终产品进口贸易结构等自变量系数检验的 P 值皆很大,调整的判定系数 R^2 为-0.077 非常小。由此表明将技术进步偏向性指数作为因变量不合理,或者说上述各自变量并非是技术进步偏向性指数的显著影响因素。

表 4-12　基于技术进步偏向性指数的 OLS 回归结果

自变量	系数	标准误差	t 统计量	p 值
$\ln R_{dKt}/R_{dLt}$	0.020	0.149	0.134	0.895
$\ln Q_{1Kt}/Q_{1Lt}$	0.011	0.023	0.473	0.642
$\ln Q_{2Kt}/Q_{2Lt}$	-0.094	0.150	-0.624	0.541
$\ln Q_{3Kt}/Q_{3Lt}$	0.066	0.120	0.545	0.593

注:调整的判定系数 R^2 为-0.077。

笔者注意到国内很多有关技术进步方向的研究比如戴杰(2012),易信、刘凤良(2013),陈欢、王燕(2015),王林辉等(2015)在实证分析部分直接运用技术进步偏向性指数来测度技术进步方向,并将其作为因变量或自变量置入计量模型当中,虽然不同文献在设计技术进步偏向性指数时略有差异,但大都是基于希克斯(1932)或阿西莫格鲁(2002)对技术进步偏向性的定义,即依据技术进步是否导致要素的相对边际产出发生改变为思路进行设计的。虽然技术进步偏向性指数在其他相关的实证研究中得到了很好的应用,然而表4-12的回归分析结果却表明该种测度技术进步方向的思路并不适合本书分析的情形。在实证分析中涉及测度技术进步方向时到底选择相对增进型技术进步还是技术进步偏向性指数?如果不知其背后存在的原因那么在实际应用中则极有可能犯错。回顾第三章第三小节对相对增进型技术进步与技术进步偏向性指数的计算与性质进行了系统的讨论,其中式(3-12)可以较为清晰地体现两者的联系,为直观说明将其置于下方:

$$TI_{t}=\left(\frac{\sigma-1}{\sigma}\right)\frac{d\ln(A_{Kt}/A_{Lt})}{dt}=\left(\frac{\sigma-1}{\sigma}\right)\frac{\dot{\overline{A_{Kt}/A_{Lt}}}}{A_{Kt}/A_{Lt}} \tag{4-10}$$

式(4-10)表明技术进步偏向性指数是由要素替代弹性和相对增进型技术进步的增长率共同决定的,由于要素替代弹性是一个不变参数,而真正决定技术进步偏向性指数变化规律的是相对增进型技术进步的增长率。① 因此技术进步偏向性指数从直觉上可以理解为体现了相对增进型技术进步的"增长效应"。在实证分析时选择相对增进型技术进步还是技术进步偏向性指数测度技术进步方向,应依据研究中主要关注的是相对增进型技术进步的"水平效应"还是"增长效应",另一方面类似于本部分所做的检验有

---

① 本书技术进步偏向性指数的计算方法主要借鉴的是戴天仕、徐现祥(2010)的做法,其他基于希克斯(1932)或阿西莫格鲁(2002)技术进步方向定义设计的技术进步偏向性指数与戴天仕、徐现祥(2010)类似,比如戴杰(2012)中的技术进步偏向性指数可以化为 A_{Kt}/A_{Lt} 的函数。

些时候是很必要的。

本章小结

前文曾计算得知在很多年份中国相对增进型技术进步呈现下降趋势,而技术进步偏向性指数的计算结果则显示中国技术进步方向一般是偏向资本的,该测算结果已经得到很多相关研究的支持,那么到底有哪些因素主导了中国技术进步方向的变化呢? 本章以第二章构建的相对增进型技术进步影响机制模型为理论依据,实证分析了资本品、中间品和最终产品进口贸易结构以及自主研发结构对中国技术进步方向的影响。具体工作体现为以下几个方面:

第一,借鉴 CH 模型的基本思想并结合本书理论模型部分的基本结论推导得到了内生化相对增进型技术进步的基本计量经济模型。模型表明自主研发结构和资本品、中间品以及最终产品等结构化指标共同决定了相对增进型技术进步。技术进步方向体现的是技术进步对不同要素或部门的一种非均衡促进,因此测度技术进步方向变化的往往是结构化指标,本书推导的基本计量经济模型意义在于证明了用系列结构化因素指标解释技术进步方向变化将更有意义。此外交代了各结构化指标的计算方法和数据来源,尤其针对基于要素密集度划分的自主研发结构指标进行了设计与计算,但由于自主研发结构并不是本书关注重点因此并未对中国研发结构的特征进行展开说明。

第二,揭示中国进口贸易结构与技术进步方向的相关形态。首先分别对中国资本品进口贸易结构、中间品进口贸易结构、最终产品进口贸易结构与相对增进型技术进步进行相关性分析,研究发现三个方面的进口贸易结构与相对增进型技术进步之间相关性不高且呈现明显的非线性相关关系。其次对前述各指标取对数后重新研究各进口贸易结构与相对增进型技术进步的相关关系，结果显示资本品进口贸易结构与相对增进型技术进步呈正线性相关，中间品与最终产品进口贸易结构分别与相对增进型技术进步呈负线性相关，且变量之间相关程度皆明显高于取对数之前。变量间相关形态确定后为后文进一步的实证分析奠定了基础。

第三，通过协整分析与误差修正模型检验了资本品、中间品和最终产品进口贸易结构和自主研发结构对相对增进型技术进步的长期和短期影响。协整关系检验表明相对增进型技术进步与各因素指标之间存在长期均衡稳定的协整关系，其中自主研发投入结构和最终产品进口贸易结构是技术进步方向显著的正向促进因素，而中间品进口贸易结构在长期则存在较为明显的负向抑制效应，资本品进口贸易结构的技术进步偏向效应不显著。误差修正模型的估计结果显示短期资本品、中间品和最终产品进口贸易结构和自主研发结构对相对增进型技术进步的影响没有长期影响显著，由此表明技术的进步依赖于长期和不断积累。资本品和中间品进口贸易结构对相对增进型技术进步的短期效应为正，而自主研发投入结构和最终产品进口贸易结构短期内则体现出对相对增进型技术进步的阻碍效应。

第四，通过格兰杰因果关系检验讨论了模型系统中相对增进型技术进步与资本品、中间品和最终产品进口贸易结构和自主研发结构等变量之间的内生性。首先以模型的数学形式为依据将分析分为长期与短期两个部分。在长期格兰杰因果关系检验中分别以 VAR(2)模型和 VAR(3)模型为基础进行了比较分析，如果两种情形下得到的结论一致则认为该结论是稳健的。若将显著性水平设定为 5%，本章得到的稳健结论有：因变量为相对增进型技术进步时，资本品进口贸易结构和中间品进口贸易结构是其长期格兰杰原因而自主研发结构和最终产品进口贸易结构则不是；因变量为自主研发结构时相对增进型技术进步与资本品、中间品和最终产品进口贸易结构皆不是其格兰杰原因；类似的相对增进型技术进步、资本品和最终产品进口贸易结构也不是中间品进口贸易结构的格兰杰原因,但中间品进口贸易结构仍内生于该系统;自主研发结构不是最终产品进口贸易结构的格兰杰原因而最终产品进口贸易结构内生于经济系统。在短期格兰杰因果关系检验中各变量之间的因果关系并不明显,原因之一是文章模型的滞后阶数太短因此并不能彻底排除变量之间彼此存在短期格兰杰因果关系的可能性。

第五,通过方差分解分析方法测度了自主研发结构、资本品进口贸易结构、中间品进口贸易结构和最终产品进口贸易结构等因素对相对增进型技术进步变化的贡献度。结果表明在相对增进型技术进步的变化中,最终产品进口贸易结构对其方差长期贡献约为14%左右居于最高,自主研发结构对其变化的长期贡献约为10.60%,中间品进口贸易结构对其方差贡献约为8.7%,对相对增进型技术进步影响力最弱的为资本品进口贸易结构方差贡献仅占5.4%左右。

第六,对模型的稳健性与合理性进行了深入的讨论。在稳健性分析中将两组不同参数下计算得到的相对增进型技术进步数据代入本章的基本计量经济模型中并分别进行估计,结果显示两组回归结果各方面指标极为接近,由此证明了前文的计量分析结果是稳健的。在合理性分析部分进一步讨论了技术进步偏向性指数作为因变量的情形,新计量经济模型的估计结果显示技术进步偏向性指数在我们分析的经济系统中并不适合作为技术进步方向的替代指标,由此肯定了原计量经济模型构建的合理性。

第五章　细分贸易品对中国技术进步方向的影响:规模视角

根据前文的分析可知技术进步方向的变化主要取决于相对增进型技术进步,且已经通过理论模型和历史数据论证了中国系列贸易结构指标对相对增进型技术进步存在显著影响。另外,理论分析表明各细分贸易品规模会通过作用于资本或劳动增进型技术进步从而使技术进步方向发生变化。然而也应当注意到,不同种类的细分贸易品对技术进步的作用机制存在异质性且过程较为复杂。比如从短期来看,中间品进口对技术进步存在直接的促进效应,但长期却可能因为损害本土研发而阻碍技术的发展,两种效应综合考量后使得我们无法得出确切的结论。鉴于此,本章以前文理论模型为基础,结合中国的经验数据实证检验各细分贸易品规模对中国技术进步方向的影响。本章具体内容包括:首先,建立与理论分析相适应的计量经济模型并交代主要变量的测算方法和数据来源;其次,选择恰当的方法分别对劳动和资本密集型技术模型进行估计以分析各细分商品贸易规模及其他影响因素的技术进步效应;最后,结合理论模型和实证分析结果遴选出导致中国技术进步偏向于资本的主要因素和次要因素。

第一节　实证模型选择与变量说明

一、实证模型的构建

基于前文的理论分析结果和现有的研究经验,我们将劳动和资本密集型技术的回归模型分别设定为如下线性形式以检验两种类型技术进步的内生机制。①

$$A_{Lt} = \alpha_0 + \alpha_1 \cdot ki\_im_{Lt} + \alpha_2 \cdot c\_im_{Lt} + \alpha_3 \cdot ki\_ex_{Lt} + \alpha_4 \cdot c\_ex_{Lt} + \gamma_L \cdot D_{Lt} + \varepsilon_{Lt} \quad (5-1)$$

和

$$A_{Kt} = \beta_0 + \beta_1 \cdot ki\_im_{Kt} + \beta_2 \cdot c\_im_{Kt} + \beta_3 \cdot ki\_ex_{Kt} + \beta_4 \cdot c\_ex_{Kt} + \gamma_K \cdot D_{Kt} + \varepsilon_{Kt} \quad (5-2)$$

其中被解释变量 A_{Lt} 和 A_{Kt} 分别代表劳动密集型技术效率与资本密集型技术效率。解释变量为两种类型商品细分下的进出口贸易系列指标:劳动密集型中间品进口和出口(ki_im_{Lt} 和 ki_ex_{Lt})、劳动密集型最终产品进口和出口(c_im_{Lt} 和 c_ex_{Lt})、资本密集型中间品进口和出口(ki_im_{Kt} 和 ki_ex_{Kt})、资本密集型最终产品进口和出口(c_im_{Kt} 和 c_ex_{Kt})。D_{Lt} 和 D_{Kt} 为两个方程中的其他可能会影响两种类型技术效率的变量,主要包括自主研发投入(RD_K 和 RD_L)、技术引进(TI_K 和 TI_L)、外商直接投资(FDI_K 和 FDI_L)、人力资本(高等教育比重,人均受教育年限)等变量。

① 此处并未像很多文献将各变量取对数后再放入计量模型中,原因有二:(1)基于前文理论分析中间品进出口对技术进步有直接的水平效应(线性的),该种效应在实证检验时更容易体现出来。(2)变量取对数后模型系数经济含义不明显且回归后系数不显著。

二、变量测度与说明

劳动与资本密集型技术效率及中国技术进步偏向。戴天仕、徐现祥(2010)遵循 Acemoglu 的定义以 CES 生产函数为基础对中国技术进步方向进行了度量。此处借鉴了他们关于中国劳动与资本效率的计算方法,并将时间跨度延长至 2022 年。① 其中要素替代弹性取为 0.813,资本分配系数设定为 0.418;关于中国资本收入与劳动收入数据来源于 1992 年至 2004 年《中国国内生产总值核算历史资料》各产业收入法国内生产总值加总和历年《中国统计年鉴》中收入法中国各地区生产总值加总。所需资本存量与劳动数据来源于刘志恒、王林辉(2015)三次产业数据汇总并进行了长度延伸。由于劳动与资本密集型技术效率是本书的两个关键变量,我们将计算结果呈现如图 5-1 所示。

图 5-1 揭示了 1992—2022 年中国资本与劳动密集型技术效率变化情况以及由此测算的历年中国技术进步偏向性。② 可知除少数年份外 Dt 皆大于零,表明中国技术进步方向大多时候是偏向于资本的,且该结论已经得到了大量相关研究成果的佐证。除参数设定外中国技术进步方向 Dt 显然主要取决于两种类型技术效率 A_K和 A_L的各自变化。对比发现中国资本密集型技术效率整体波动幅度不大,大约是以 2004 年为界先后经历了两次轻微的起伏呈“M”型变化。另外中国劳动密集型技术效率则表现出明显的走

---

① 劳动与资本效率的计算公式分别为:$A_L = YL^{-1}(1-\varphi)^{\varepsilon/(1-\varepsilon)}(1-S_K)^{\varepsilon/(\varepsilon-1)}$ 和 $A_K = YK^{-1}\varphi^{\varepsilon/(1-\varepsilon)}S_K^{\varepsilon/(\varepsilon-1)}$,其中 S_K为资本收入占比。

② 图 5-1 中左边纵轴适用于资本密集型技术效率 *Ak* 和劳动密集型技术效率 A_L,右边纵轴适用于技术进步偏向性 *Dt*。为计算方便其中 *Dt* 的计算方法借鉴了戴天仕、徐现祥(2010),本章理论模型中所述技术进步偏向指数与其原理相似且正负符号相同。

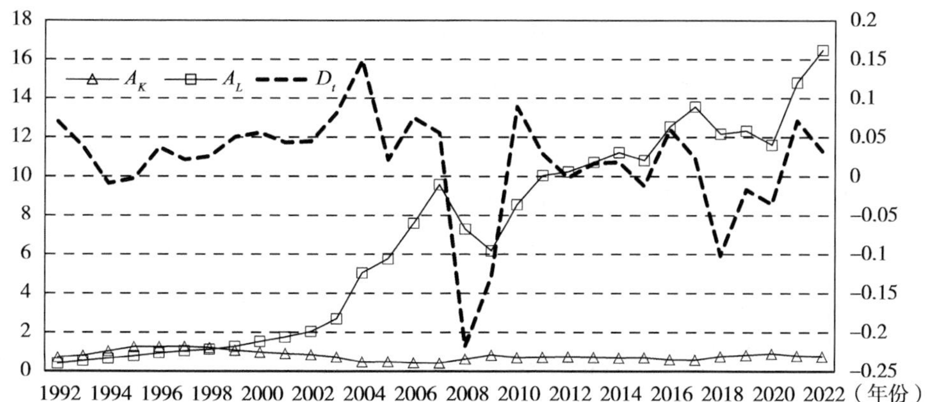

图 5-1　中国近年资本密集型与劳动密集型技术效率演变

数据来源:作者根据《中国国内生产总值核算历史资料》和《中国统计年鉴》历年数据计算所得。

高趋势并呈"J"型变化规律。因此,相对增进型技术进步 A_L/A_K 整体呈现上升趋势,同时说明与 A_K 相比 A_L 变化是导致该现象的主因。由于要素替代弹性小于 1,①根据技术进步偏向性指数的计算可知由此进一步导致了中国技术进步整体上呈现偏向资本要素特征。

商品细分下的进出口贸易。由前文可知所需数据涉及"要素密集度"与"用途和加工程度(资本品、中间品和最终产品)"两个维度。联合国的商品贸易数据库(UN Comtrade Database)提供了较为全面的中国对外贸易数据。借助于 SITC 三位数编码可将产品划分为六类:初级产品、劳动和资源密集型产品、低等技术产品、中等技术产品、高等技术产品和其他未分类产品。可以用其中的低等技术产品和中等技术产品代表资本密集型产品并用之与劳动和资源密集型产品进行对比分析,由此可以完成"要素密集度"维度的划分;结合 SITC 三位数编码与 BEC 分类的对应关系可以进一步得到资本品、中间品和最终产品维度的商品划分。其中得到的最终产品数据用

① 诸多研究皆表明包括中国在内的大部分国家的要素替代弹性皆小于 1,此处我们关于参数的设定同样是小于 1 的。

于度量实证模型中的最终产品相关进出口变量。虽然资本品和中间品的内涵不同,但两种类型商品在生产过程中都处于中间环节,且通过生产将原有价值转移到最终产品中,因此我们将两种类型数据进行加总用以描述本章实证模型内的中间品相关进出口变量。

自主研发投入。除技术引进外自主研发无疑是实现技术创新另一个十分重要的途径,因此应该将其作为首先考虑的控制变量。本章用劳动密集型和资本密集型行业的 R&D 经费测度该变量,数据可通过历年《中国科技统计年鉴》和《中国统计年鉴》中按行业划分的研发投入数据汇总获取。行业划分标准借鉴了刘志恒、王林辉(2016b)的思路将饮料制造业、烟草制品业、纺织业、纺织服装鞋帽制造业、皮革毛皮羽毛(绒)及其制品业、木材加工及木竹藤棕草制品业、家具制造业、造纸及纸制品业、石油加工炼焦及核燃料加工业和非金属矿物制品业划归为劳动密集型行业,将黑色金属冶炼及压延加工业、金属制品业、橡胶制品业、通用设备制造业、专用设备制造业、交通运输设备制造业和电气机械及器材制造业划归为资本密集型行业。2010 年之前统计口径为“大中型企业”,2011 年以后仅能获取“规模以上企业”相应数据。为统一口径我们将 2011 年以后数据用如下方法进行了调整:

$$RD_t = RD'_t(RD_{08}/RD'_{08})\,(\tau_t/\tau_{08}) \tag{5-3}$$

式(5-3)中 RD_t 和 RD'_t 分别代表大中型企业和规模以上企业在劳动或资本密集型行业 R&D 经费。RD_{08} 和 RD'_{08} 分别代表 2022 年大中型企业和规模以上企业 R&D 经费总额。[①] τ_t 为大中型企业与规模以上企业主营业务收入比值。

① 2008 年《中国科技统计年鉴》同时提供了大中型企业和规模以上企业研发投入数据可用于进行对比参考。

技术贸易。前面提到除商品贸易以外技术贸易是通过技术外溢效应促进技术效率提升的一条重要途径,我们用“大中型企业引进技术费用支出”来刻画该指标。指标计算时仍然涉及劳动密集与资本密集行业的划分以及统计口径不一致问题,处理方法与数据来源同前面“自主研发投入”较为相似,在此不再赘述。

外商直接投资。外商的跨国投资在提供资金和设备的同时也可能会为被投资国直接或间接提供更为先进的生产技术。《中国统计年鉴》中提供了按行业划分的外商直接投资数据,借鉴前文思路可得到劳动密集型和资本密集型行业的外商直接投资额数据。

人力资本。人力资本表现为蕴含于人身上的知识与技能,尤其是其中的高层次人才直接形成了知识生产的来源,因此人力资本水平的提高会带来生产效率提升。我们用历年普通高等学校毕业生人数占总毕业生人数比重来衡量该指标,数据可见《中国统计年鉴》。

表 5-1　主要变量的描述性统计

变量	变量释义	均值	标准差	最小值	最大值
AL	劳动密集型技术效率	6.43	4.30	0.95	13.56
AK	资本密集型技术效率	0.78	0.26	0.43	1.29
KI_IM_K	资本密集型中间品进口	1779.89	1061.15	393.54	3899.21
KI_EX_K	资本密集型中间品出口	2740.32	2208.77	244.19	5938.89
C_IM_K	资本密集型最终产品进口	156.87	139.96	14.76	403.59
C_EX_K	资本密集型最终产品出口	457.11	340.05	50.28	938.44
TI_K	资本密集型技术引进	375.09	326.42	106.00	1069.00
hc	人力资本	7.42%	4.72%	1.92%	14.78%
FDI_K	资本密集行业外商直接投资	405.06	97.56	232.11	552.91
RD_K	资本密集行业自主研发投入	1132.29	909.34	186.25	3130.02
KI_IM_L	劳动密集型中间品进口	331.79	140.04	181.89	743.13
KI_EX_L	劳动密集型中间品出口	978.16	731.68	158.30	2140.21

续表

变量	变量释义	均值	标准差	最小值	最大值
C_IM_L	劳动密集型最终产品进口	84.04	61.39	24.91	205.39
C_EX_L	劳动密集型最终产品出口	2008.41	1276.57	459.98	3909.12
RD_L	劳动密集行业自主研发投入	345.84	345.92	58.92	1130.75
TI_L	劳动密集型技术引进	185.09	303.88	18.00	1184.00
FDI_L	劳动密集行业外商直接投资	311.98	222.95	93.58	702.85

数据来源：作者根据历年联合国统计署《商品贸易数据库》以及《中国统计年鉴》《中国科技统计年鉴》计算整理所得。

第二节　细分商品贸易规模与劳动密集型技术

本章实证模型的特点是，大多解释变量的处理并未像很多实证类文献那样，将原始变量进行对数化或除以另一个总量变量继而转化为一个相对变量等深加工操作。① 这样做的好处是可以最大程度保留原始变量信息，对于本章的以进出口贸易为主要解释变量的实证检验更为有利，弊端是解释变量可能由于含有共同的趋势因素而存在多重共线性，因此需要谨慎对待。下面将结合式（5-1）针对回归模型涉及的主要解释变量是否存在多重共线性问题进行检验。

一般情形下如果 Tolerance<0.2 或者 VIF>10 则可以认为该自变量与其他自变量之间存在共线性。由表 5-2 可知劳动密集型技术回归模型中存在较为严重的共线性问题，如果直接采用 OLS 方法估计将会严重影响估计结果的可信度。共线性问题的处理途径通常是采用剔除自变量的方法以规

① 为后文实证分析结果更为直观，我们将中间品、最终产品进出口贸易相关指标和外商直接投资单位设定为十亿美元；自主研发投入、技术引进等指标单位设定为十亿元；人力资本是唯一相对指标，单位为百分点。

避共线性问题或者是用岭回归法进行估计,考虑到本计量模型中自变量两两相关现象较为普遍的事实,笔者拟采用岭回归方法分别对劳动密集型技术和资本密集型技术进行多变量分析。

表 5-2　劳动密集型技术回归模型共线性诊断

模型	共线性统计量	*KI_IM*	*KI_EX*	*C_IM*	*C_EX*	*RD*	*hc*	*FDI*	*TI*
劳动密集型	Tolerance	0. 107	0. 001	0. 002	0. 002	0. 006	0. 016	0. 026	0. 411
	VIF	9. 316	813. 638	462. 977	526. 372	157. 688	63. 817	37. 871	2. 433

一、劳动密集型技术回归分析

表 5-3 中各估计的回归方程中被解释变量皆为劳动密集型技术效率,其中方程(1)仅考察了劳动密集型中间品进出口(*KI_IM_L* 和 *KI_EX_L*)和劳动密集型最终产品进出口(*C_IM_L* 和 *C_EX_L*)对其的影响,而后方程(2)至(5)中依次引入劳动密集型自主研发投入 *RD_L*、人力资本 *hc*、劳动密集部门的外商直接投资 *FDI_L* 以及相应的技术引进 *TI_L* 等解释变量用以考察模型的稳健性以及深入挖掘劳动密集型技术效率的其他影响因素。首先讨论模型的有效性:可以看到方程(1)至(5)中的 Sig *F* 数值皆小于 0. 001,表明各估计方程整体显著性皆较高。从拟合度角度来看,单独考虑中间品和最终产品等贸易因素就可以解释 92%以上的劳动密集型技术效率变化,随着其他变量的引入,从方程(3)开始拟合度小幅增加至 94%左右。①

---

① 由于岭回归会带来拟合度损失故此处我们采用了 R^2 来直接描述模型的拟合程度,类似的可见于表 5-5。

存在显著影响的各解释变量在各估计方程中符号不变，而数值随着其他变量的引入微幅下降，由此进一步表明模型的估计结果具有稳健性。下面分别就中国劳动密集型技术的各影响因素进行深入分析。

中间品出口对劳动密集型技术的影响。不考虑其他变量，变量 *KI_EX_L* 的系数估计为 0.0176，显著性水平为 1‰，意味着中间品每增加出口十亿美元，劳动密集型技术效率将提升 0.0176。随着解释变量增加 *KI_EX_L* 的系数估计略有递减，估计值为 0.0099—0.0175，显著性水平仍为 1‰。该估计结果体现的中间品出口与技术效率的同向变化关系是与前文的理论预期相一致的。中间品出口的增加体现出正向的价格效应和规模效应继而提高了劳动密集型中间品研发利润，由此最终促进了劳动密集型技术效率的提升。

最终产品进口对劳动密集型技术的影响。若只考虑贸易相关变量，最终产品进口 *C_IM_L* 系数估计是 0.1268，显著性为 5%。该结果表明若最终产品进口每提高十亿美元将促使中国劳动密集型技术效率提升 0.1268；在模型中依次加入其他变量后 *C_IM_L* 系数估计逐渐变小（0.0947—0.1237）但皆通过了 5%水平的显著性检验。上述结果意味着最终产品进口对中国劳动密集型技术存在显著的正向促进作用。根据前文分析可知，商品进口既可能通过竞争效应刺激本土企业研发以促进技术进步，也可能产生负向的"价格效应"和"规模效应"并通过减少研发利润以最终阻碍技术进步。以上两种力量同时存在，最终体现为何种效果取决于两种作用之间的大小对比。中国一直以来富含劳动力资源，无论是产业结构还是技术类型都以"劳动密集型"为主体。相应的中国劳动密集型技术无论是研发能力还是模仿和吸收能力都要高于其他技术类型。因此，最终产品进口体现的对本土技术的正向"激励"作用将更加明显。

最终产品出口对劳动密集型技术的影响。仅控制其他贸易变量时，最

终产品出口 *C_EX_L* 系数估计值为 0. 0138,显著性 1‰。在方程(2)至(5)中,*C_EX_L* 系数估计值随着解释变量增多相应减少,取值在 0. 0077—0. 0138 之间,但显著性皆通过 1‰检验。可见,最终产品出口显著提升了中国劳动密集型技术效率。该结论使前文理论模型的结论得以进一步验证。结果表明中国劳动密集型产品的出口形成了正向的价格效应和规模效应,本土研发积极性和投入得以提升并最终促进了劳动密集型技术效率。

其他变量对劳动密集型技术的影响。除以上提及的贸易变量以外,人力资本 *hc* 的系数估计为 0. 0030—0. 0035,显著性为 1‰。这意味着中国高等教育人数占比每提高一个百分点将会促进中国劳动密集型技术效率至少 0. 0030 的提升。可见人力资本也是一个带动中国劳动密集型技术进步的显著因素。以劳动密集型产业为主体的中国产业格局决定了各种要素结构要与之匹配,人力资源结构(人才走向)也因此呈现出了"劳动偏向"特征并最终促进了中国劳动密集型技术的进步。此外我们注意到技术引进 *TI_L* 系数为负但显著性仅为 10%,可以说一定程度上阻碍了中国劳动密集型技术向前发展。剩余其他变量影响不显著,这里不再赘述。

表 5-3　中间品、最终产品进出口等对劳动密集型技术的影响

变量	(1) A_L	(2) A_L	(3) A_L	(4) A_L	(5) A_L
KI_IM_L	0. 0230	0. 0230	0. 0202	0. 0094	0. 0051
	[0. 9360]	[0. 9084]	[0. 8751]	[0. 3279]	[0. 1805]
KI_EX_L	0. 0176****	0. 0175****	0. 0112****	0. 0120****	0. 0099****
	[8. 4074]	[7. 0899]	[5. 7707]	[5. 1148]	[4. 3751]
C_IM_L	0. 1268**	0. 1237****	0. 0782***	0. 0866**	0. 0947**
	[2. 4032]	[4. 5784]	[2. 9621]	[2. 5642]	[2. 8791]
C_EX_L	0. 0138****	0. 0138****	0. 0092****	0. 0095****	0. 0077****
	[7. 0324]	[6. 6292]	[6. 2766]	[5. 1696]	[4. 3328]

续表

变量	(1) A_L	(2) A_L	(3) A_L	(4) A_L	(5) A_L
RD_L	—	0. 0009	−0. 0032	−0. 0011	0. 0027
	—	[0. 0936]	[−0. 3675]	[−0. 1137]	[0. 2741]
hc	—	—	0. 0033 ****	0. 0035 ****	0. 0030 ****
	—	—	[5. 9344]	[5. 1126]	[4. 5246]
FDI_L	—	—	—	−0. 0138	−0. 0062
	—	—	—	[−0. 8511]	[−0. 4097]
TI_L	—	—	—	—	−0. 0187 *
	—	—	—	—	[−1. 9326]
常数项	−0. 0176	−0. 0107	−0. 2914	0. 1774	1. 1415
	[−0. 0325]	[−0. 0188]	[−0. 5671]	[0. 2587]	[1. 3908]
R^2	0. 9293	0. 9291	0. 9447	0. 9388	0. 9450
Sig *F*	0	0	0	0	0

注:方括号内为 T 统计量值, * 表示 $p<0.1$; **表示 $p<0.05$; ***表示 $p<0.01$; ****表示 $p<0.001$。

第三节　细分商品贸易规模与资本密集型技术

与前文思路相似,在本小节我们将结合中国的历史数据实证检验各细分商品贸易规模指标对资本密集型技术效率的影响,然而在模型估算之前仍然需要对各主要解释变量进行多重共线性诊断。

表 5-4　资本密集型技术回归模型共线性诊断

模型	共线性统计量	*KI_IM*	*KI_EX*	*C_IM*	*C_EX*	*RD*	*hc*	*FDI*	*TI*
资本密集型	Tolerance	0. 028	0. 004	0. 014	0. 002	0. 100	0. 012	0. 064	0. 211
	VIF	35. 116	233. 669	72. 369	555. 961	9. 996	82. 322	15. 513	4. 735

由表 5-4 可知,除了技术引进变量(*TI*)以外其他解释变量的多重共线性问题比较严重,因此我们仍然结合岭回归方法以中国资本密集型技术效率 A_k 为被解释变量进行系列回归分析,具体结果可见表 5-5 中方程(6)至方程(10)。[①] 首先,模型的整体显著性与劳动密集型系列回归模型相比有所下降但都通过了显著性水平 5%的检验。从模型的拟合情况来看,进出口贸易相关变量能够解释 A_k 变化的 41.6%,而后随着其他变量引入方程拟合度逐渐提升至 0.7671。此结果表明中国资本密集型技术变化的影响机制较为复杂,在肯定进出口贸易对其作用的同时还需要深入挖掘其他影响因素。

中间品进口对资本密集型技术的影响。当只考虑贸易因素时在方程(6)中可以看到中间品进口系数为-0.0013,显著性是 5%。表明中间品进口每增加十亿美元将导致中国资本密集型技术效率下降 0.0013。在方程(7)和方程(8)中依次增加了自主研发和人力资本等解释变量后,*KI_IM_K* 系数变动不大且显著性未降低。方程(9)和方程(10)中继续增加控制外商直接投资和技术引进时,*KI_IM_K* 系数符号未变但显著性变弱。由此可以认为中间品进口在一定程度上阻碍了中国资本密集型技术的进步。前文提到中间品进口同时具有两种效应,其中水平效应可在短期对技术进步具有正向促进作用,而长期来看增长效应会通过“价格”和“规模”两条渠道损害研发利润进而阻碍技术发展。中国的经验数据表明后一种效应在力量对抗中凸显出来并主导了技术走向。

最终产品进口对资本密集型技术的影响。仅考虑贸易变量时 *C_IM_K*

---

① 解释变量涉及:资本密集型中间品进口 *KI_IM_K*、资本密集型中间品出口 *KI_EX_K*、资本密集型最终产品进口 *C_IM_K*、资本密集型最终产品出口 *C_EX_K*,资本密集部门的自主研发 *RD_K*、外商直接投资 *FDI_K* 和技术引进 *TI_K*。*hc* 与前文含义相同。

的系数估计为 0.0074，显著性 10%。随着其他解释变量的加入，除方程(8)的系数通过 10%显著性检验外其余方程对应系数不显著。尽管 *C_IM_K* 系数的显著性不高，然而估计值皆为正的事实仍然可以表明最终产品进口在某种程度上促进了中国资本密集型技术。前文提到在一般情形下最终产品进口会通过价格和规模效应阻碍技术进步，而该结论的理论前提是该类型技术进步主要依赖于自主研发。中国一直以来以劳动密集型技术为主而资本密集型技术研发能力薄弱，因此在进口贸易中通过技术模仿等方式获取国外先进技术的外溢以促进技术进步是一条更为重要的途径。此外，由商品进口带来的正向竞争效应也是导致 *C_IM_K* 系数为正的原因之一。

最终产品出口对资本密集型技术的影响。可以看到在方程(6)至(9)中 *C_EX_K* 系数的显著性为 10%或 5%以下，只在加入技术引进变量后显著性有所下降。因此可以认为最终产品出口是另一个影响资本密集型技术的重要贸易因素。其系数估计范围在-0.0021 至-0.0010 之间。由此表明最终产品出口阻碍了中国资本密集型技术的发展。该事实与前文所述理论模型的基本结论是相悖的，也就是说出口带来的正向价格和规模效应对于中国资本密集型技术而言并未被显著体现出来。导致该现象的原因与中国在国际产业链的垂直分工特点有关。根据《中国贸易外经统计年鉴》提供的数据可知，中国加工贸易占比在 1992 年为 42.97%，而后若干年仍保持走高趋势，比如：加工贸易占比在 1996 年提升至 50.57%，2000 年和 2004 年分别为 48.54%和 47.61%仍居高位，2008—2018 年开始呈下降趋势但也几乎都在 30%以上。可知在我们研究的样本期内中国一直以加工贸易为主，相应的国际化分工特点则是所谓的“两头在外，中间在内”。在这个过程中本土企业大多承担一些低附加值和低技术含量的加工环节。由此不难理解上述的价格效应和规模效应很难通过最终产品出口显著地体现出来，甚至从长期看会因此影响本土研发资源的投入并阻碍技术发展。

其他变量对资本密集型技术的影响。方程(8)和方程(9)对比发现,当引入外商直接投资 *FDI_K* 时模型的拟合度有明显提升,且方程(9)中 *FDI_K* 显著性为 1%,系数估计为-0.0154。由此表明外商直接投资阻碍了中国资本密集型技术效率提升。前文提到的"国际分工"因素在此处仍可以给出解释:外资企业往往将高技术生产环节保留在国内而将"低端环节"抛至发展中国家,一方面其对核心技术的保护使得本土企业很难通过外商直接投资获取其技术外溢;另一方面其对本土各种资源的分流还会阻碍本土研发和技术发展。当技术引进变量加入方程中时进一步改进了模型的拟合度,*TI_K*系数估计为 0.0042 且通过显著性 1%检验。由此表明通过技术引进渠道可以显著促进中国资本密集型技术进步,也就是说技术引进费用每增加十亿元可以使资本密集型技术效率提升 0.0042。

当然也应该注意到,随着其他变量引入,有些变量显著性降低了。笔者认为导致该种现象一方面与样本长度受限有关,另一方面虽然我们采用岭回归估计在一定程度规避了共线性问题但仍不能完全消除。考虑到每个变量在各方程中的回归系数符号一致并且取值接近,因此上述分析结论仍是可信的。同时各系数显著性的先后变化也可在一定程度上表明:在解释资本密集型技术变化时技术引进应是首先考虑的因素,其次是外商直接投资,而上述贸易因素次之。

表 5-5　中间品、最终产品进出口等对资本密集型技术的影响

变量	(6) A_K	(7) A_K	(8) A_K	(9) A_K	(10) A_K
KI_IM_K	-0.0013**	-0.0015***	-0.0014**	-0.0007	-0.0006
	[-2.3713]	[-2.8715]	[-2.6005]	[-1.392]	[-1.4468]
KI_EX_K	-0.0002	-0.0002	-0.0001	-0.0001	-0.0001
	[-1.0566]	[-1.2041]	[-0.7400]	[-0.7058]	[-0.9931]

续表

变量	(6) A_K	(7) A_K	(8) A_K	(9) A_K	(10) A_K
C_IM_K	0.0074*	0.0064	0.0071*	0.0048	0.0042
	[1.9497]	[1.6648]	[1.7310]	[1.4808]	[1.5385]
C_EX_K	−0.0018*	−0.0021**	−0.0015*	−0.0016**	−0.0010
	[−1.9304]	[−2.1193]	[−1.8499]	[−2.1773]	[−1.6392]
RD_K	—	0.0007	0.0007	0.0014**	0.0009
	—	[1.1093]	[1.0782]	[2.2157]	[1.7459]
hc	—	—	−0.0133	−0.0120	−0.0097
	—	—	[−1.4000]	[−1.2827]	[−1.2250]
FDI_K	—	—	—	−0.0154***	−0.0044
	—	—	—	[−3.1361]	[−1.0114]
TI_K	—	—	—	—	0.0042***
	—	—	—	—	[3.5667]
常数项	1.0215****	1.0233****	1.0413****	1.4857****	0.8877****
	[14.9220]	[15.1165]	[14.6398]	[8.8243]	[4.7108]
R^2	0.4160	0.4537	0.4603	0.6425	0.7671
Sig F	0.0189	0.0241	0.0455	0.0199	0.0040

注:方括号内为T统计量值,* 表示 $p<0.1$;** 表示 $p<0.05$;*** 表示 $p<0.01$;**** 表示 $p<0.001$。

第四节　各细分商品贸易规模的技术偏向效应

现在回归到最初的问题:到底是什么原因导致了中国技术进步方向发生变化(呈现资本偏向特征)?本小节将结合第二章中细分商品贸易规模对技术进步方向的影响机理,深入讨论各细分商品贸易规模的技术偏向效应。为表达方便我们将要运用的第二章主要结论陈列如下:

$$TI_t = (1 - \alpha)(1 - \varepsilon^{-1}) \frac{d\ln(A_{Lt}/A_{Kt})}{dt} \tag{2-34}$$

回顾式(2-34)表达了相对增进型技术进步与技术进步方向的定量关系。由于1-α>0,因此替代弹性 ε 的取值更具有决定性。该式可进一步变为:

$$TI_t = (1 - \alpha)(1 - \varepsilon^{-1})\left(\frac{\dot{A}_{Lt}}{A_{Lt}} - \frac{\dot{A}_{Kt}}{A_{Kt}}\right) \tag{5-4}$$

众多研究表明中国资本与劳动要素替代弹性小于1,因此由上式可知在其他要素不变的条件下劳动密集型技术效率的增加会导致技术进步方向偏向于资本,资本密集型技术效率增加会导致技术进步方向偏向于劳动。进一步结合前两小节的实证分析结果,可知各细分贸易指标以及其他因素如何影响了中国技术进步方向。

表 5-6　各细分贸易指标及其他因素对技术进步方向的影响

影响因素	技术效率增进效应	技术进步偏向效应	作用强度
劳动密集型中间品进口	正向效应(A_L)	资本偏向	弱
劳动密集型中间品出口	正向效应(A_L)	资本偏向	强
劳动密集型最终产品进口	正向效应(A_L)	资本偏向	强
劳动密集型最终产品出口	正向效应(A_L)	资本偏向	强
劳动密集行业自主研发投入	—	—	—
人力资本 I	正向效应(A_L)	资本偏向	强
劳动密集行业外商直接投资	负向效应(A_L)	劳动偏向	弱
劳动密集型技术引进	正向效应(A_L)	资本偏向	中
资本密集型中间品进口	负向效应(A_K)	资本偏向	中
资本密集型中间品出口	负向效应(A_K)	资本偏向	弱
资本密集型最终产品进口	正向效应(A_K)	劳动偏向	弱
资本密集型最终产品出口	负向效应(A_K)	资本偏向	中

续表

影响因素	技术效率增进效应	技术进步偏向效应	作用强度
资本密集行业自主研发投入	正向效应(A_K)	劳动偏向	中
人力资本Ⅱ	负向效应(A_K)	资本偏向	弱
资本密集行业外商直接投资	负向效应(A_K)	资本偏向	中
资本密集型技术引进	正向效应(A_K)	劳动偏向	强

注:$P<0.05$,作用强度界定为强;$0.05<P<0.1$,作用强度界定为中;$P>0.1$,作用强度界定为弱;如多方程 P 值范围不一致则进行均化判定;如系数符号不一致,无法判定作用效果。

表5-6详细汇总了当各细分贸易指标及其他因素增加时如何影响了相应的技术效率(见表中第一列),以及由此带来的对技术进步方向的作用(见表中第二列),同时依据定量分析结果对各影响因素的作用强度进行了定性评价。由劳动密集型技术效率系列的回归分析可知:在各细分贸易规模指标中,劳动密集型中间品出口、劳动密集型最终产品进口和劳动密集型最终产品出口皆对劳动密集型技术效率有明显增进效应,并由此导致技术进步方向偏向于资本,在非贸易指标中人力资本能够显著提升劳动密集型技术效率因此也是导致技术进步方向偏向于资本的重要因素。另外,资本密集型技术效率的相关回归分析结果表明系列细分贸易规模指标对资本密集型技术效率的促进作用不很明显,只有资本密集型中间品进口和资本密集型最终产品出口能够带来中等强度的技术效率增进效应并导致技术进步偏向于资本发展。非贸易指标则对中国资本密集型技术存在重要影响,其中资本密集型的技术引进是导致该类型技术效率提升的关键并由此使得技术进步具有劳动偏向趋势,而资本密集型行业的自主研发和外商直接投资对资本密集型技术具有中等强度的负向效应并由此使得中国技术进步偏向于资本要素。

横向对比劳动和资本密集型技术的系列回归结果,我们发现表5-3中的各变量系数估计绝对值几乎都大于表 5-5 中相应的估计结果。由此可进一步表明上述劳动密集型技术各影响因素应该是导致中国技术进步方向变化的主因。[①] 由此也进一步印证了本章第一节对资本密集型技术效率和劳动密集型技术效率进行描述性分析时的结论。综上可见,中国技术进步方向的传导机制较为复杂且影响因素众多,不同因素对技术进步方向的作用存在差别,而中国技术进步方向整体上呈现资本偏向特征是各方面因素综合“角力”后的结果。

第五节　模型稳健性与合理性分析的进一步讨论

前面针对劳动密集型效率与资本密集型效率分别进行了多影响因素的回归分析,然而由于多个解释变量之间存在共线性问题,我们采用了岭回归这种折中估计方法。该方法虽然能够在一定程度上规避多重共线性问题,却是以损失部分信息和精度为代价。此外,回归模型中的关键变量劳动密集型技术效率和资本密集型技术效率在计算时仅是基于一种参数设定,如果参数改变是否会影响前文的主要分析结论呢?鉴于此有必要在本小节就前述模型的稳健性与合理性展开进一步的讨论。

一、稳健性分析

在本章第二小节和第三小节的影响因素分析中我们采用了多方程分

① 人力资本和外商直接投资系数绝对值在两个表中大小相仿,故应该除外。

析方法，因此在一定程度上检验了各细分贸易规模指标对技术效率影响的稳健性。此处我们要进一步检验的是上述主要结论是否对参数变化存在敏感性。前文分析过程中被解释变量 A_L 和 A_K 的计算是以戴天仕、徐现祥（2010）相关参数估计为前提，即：要素替代弹性（ε_1）取为 0.813，资本分配系数（φ_1）设定为 0.418。下面同时结合戴杰（2012）基于可变要素增长率假设下的参数估计结果：$\varepsilon_2 = 0.92$，$\varphi_2 = 0.455$ 以及陆雪琴、章上峰（2013）的参数估计结果：$\varepsilon_3 = 0.777$，$\varphi_3 = 0.816$ 对 A_L 和 A_K 进行测算并进行回归分析。为便于直观地进行比较分析，我们仅以各细分贸易规模指标为自变量，模型估计方法仍采用岭回归。详细回归分析结果可见表 5-7。

表 5-7　基于不同参数设定的劳动密集型技术效率回归比较

自变量	戴天仕等：$\varepsilon_1=0.813, \varphi_1=0.418$		戴杰：$\varepsilon_2=0.920, \varphi_2=0.455$		陆雪琴等：$\varepsilon_3=0.777, \varphi_3=0.816$	
	系数	P 值	系数	P 值	系数	P 值
KI_IM_L	0.0230	0.3599	0.0231	0.2984	0.0004	0.2857
KI_EX_L	0.0176	0.0000	0.0188	0.0000	0.0003	0.0000
C_IM_L	0.1268	0.0256	0.1736	0.0012	0.0029	0.0006
C_EX_L	0.0138	0.0000	0.0137	0.0000	0.0002	0.0000
R^2	0.9293		0.9523		0.9561	
Sig *F*	0.0000		0.0000		0.0000	

对比发现，以戴杰的参数设定为前提进行计算得到的系列回归分析结果相比之前变动不大。比如 *KI_IM_L* 先前系数估计为 0.023 而参数改变后系数估计值为 0.0231，相应的 P 值由 0.3599 改变为 0.2984 其显著性未发生太大改变，类似的同样可见其他变量估计结果且三个模型拟合度和显著性接近。当然也该注意到当采用陆雪芹的参数计算时自变量系数估计结果

变化较大,如 *KI_IM_L* 系数由原来的 0.023 变为 0.0004。作者认为出现上述现象的一个主要原因是陆雪琴的参数结果相比前面的差异更大,由此导致 A_L 和 A_K 测算时在水平上出现差异,尽管如此各自变量系数的显著性变化不大且对劳动密集型效率的作用方向未变,从而并未因此改变前文得到的主要结论。

类似地可见表 5-8,参数变换后各自变量系数符号不变且并未明显改变其显著性,模型整体的拟合度和显著性趋于一致,由此表明前文资本密集型技术效率的影响因素分析得到的各结论是可信的。

表 5-8　基于不同参数设定的资本密集型技术效率回归比较

自变量	戴天仕等: $\varepsilon_1=0.813,\varphi_1=0.418$		戴杰: $\varepsilon_2=0.920,\varphi_2=0.455$		陆雪琴等: $\varepsilon_3=0.777,\varphi_3=0.816$	
	系数	P 值	系数	P 值	系数	P 值
KI_IM_K	-0.0013	0.0274	-0.0008	0.0542	-0.0097	0.0637
KI_EX_K	-0.0002	0.3027	-0.0001	0.2598	-0.0018	0.2506
C_IM_K	0.0074	0.0647	0.0050	0.1024	0.0574	0.1149
C_EX_K	-0.0018	0.0672	-0.0014	0.0639	-0.0168	0.0631
R^2	0.4160		0.3933		0.3881	
Sig *F*	0.0189		0.0270		0.0292	

二、合理性分析

此处我们仅从计量模型的设置形式是否合理展开进一步探讨。本章第一节我们曾以理论分析为基础将计量模型设定为线性形式。后文分析结果显示,劳动密集型技术效率的系列回归模型拟合度较高且各细分贸易规模指标大多对模型具有较强解释力,由此可以认为线性模型适合用于解释中国劳动密集型技术效率的变化;相比而言资本密集型技术效率的系列回归模型显著性和拟合度普遍低于前者,因此有必要进一步探讨是否存在一种更适于表达的模型形式。考虑到变量之间存在多重共线性问题,除岭回归分析方法以外另一种可行的方法是剔除存在共线性问题的变量,由于变量之间两两相关的现象较为普遍,此处仅对资本密集型技术效率进行单影响因素分析。

下面四个图分别展示了中间品进口规模(X_1)、中间品出口规模(X_2)、最终产品进口规模(X_3)和最终产品出口规模(X_4)对资本密集型技术效率(A_K)的影响,其中纵轴为 A_K 而横轴为各影响因素。以图 5-2 为例,若模型采用线性模型刻画中间品进口规模与资本密集型技术效率之间的定量关系,结果显示变量之间呈负相关且该线性模型的拟合度为 0. 3653。当模型采用多项式形式时,抛物线开口向上且拟合度明显提升至 0. 5819,因此可以认为该种形式更适于表达变量之间关系。类似的现象同样可在其他三个图中发现,表明各细分商品贸易规模指标对中国资本密集型技术效率的影响在某种程度上来说应该是非线性的且呈现“U”型变化规律。① 因此严谨地说,在分析中国资本密集技术效率变化时各细分贸易规模指标对其的影响具有门槛效应,而在我们的分析时段内主要体现为门槛前段的状态。格罗斯曼和埃尔普曼(1991)在分析国际贸易的技术溢出效应时指出,当地区经济发展水平较低时国际贸易对经济增长的促进作用有限,而当经济发展水平超过某个门槛时国际贸易则可显著推动经济增长。笔者认为中国虽然具有劳动密集型要素禀赋,其资本密集型技术效率的提升则更多依赖于国外先进技术的溢出效应,且受

① 事实上我们也同样检验了其他诸如指数函数、对数函数等非线性形式,最终发现多项式且阶数为二的非线性形式为最优。

到本土技术吸收能力的制约并外化为与地区经济发展水平相关。虽然上面的分析表明多项式更适于描述各细分贸易指标与中国资本密集型技术效率的关系,然而在进行多因素分析时考虑到数据长度限定、多重共线性问题以及其他变量影响等原因,我们仅能将模型设定为线性形式进行分析。

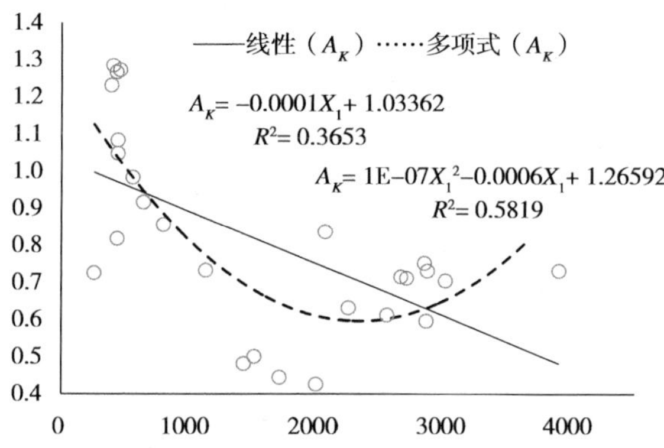

图 5-2　中间品进口规模对资本密集型技术的影响

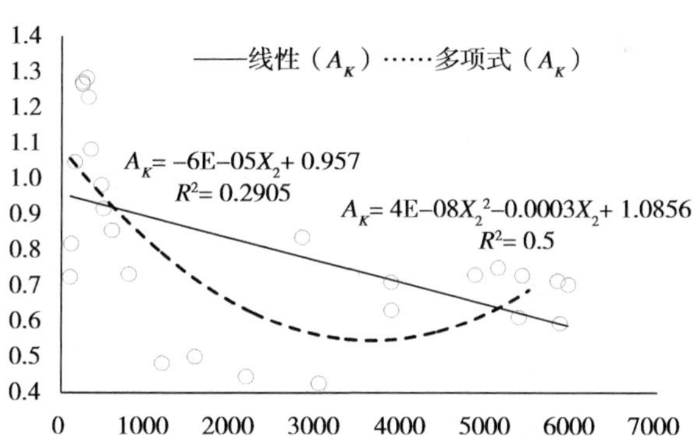

图 5-3　中间品出口规模对资本密集型技术的影响

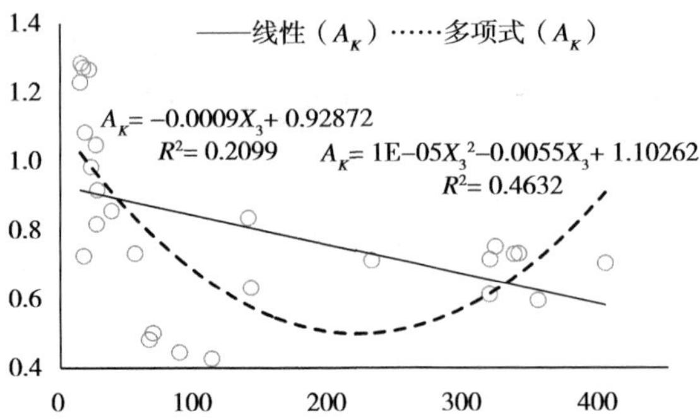

图 5-4　消费品进口规模对资本密集型技术的影响

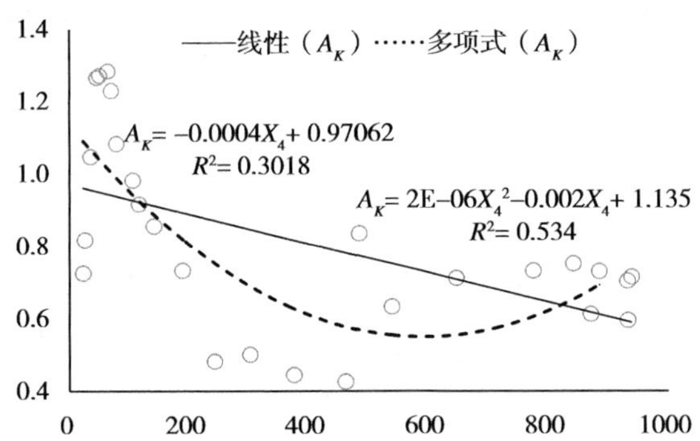

图 5-5　消费品出口规模对资本密集型技术的影响

本章小结

本章以前述理论模型结论为基础,结合中国历史数据从规模视角实证检验了中间品和最终产品进出口和其他因素对中国资本密集型和劳动密集型技术效率的影响,从而最终实现对中国技术进步方向变化的深层解读,在内容上是对第四章有力的补充和延伸。下面将主要内容和结论总结如下:

第一,以中国劳动密集型技术效率为研究对象分析了各因素对其的影响。在各影响因素中:中间品和最终产品出口均起到显著促进作用从而验证了理论预期。基于高技术模仿和吸收能力最终产品进口也在其提升中发挥积极作用。人力资源结构呈现出“劳动偏向”特征,助推了该技术的向前发展。

第二,对中国资本密集型技术效率进行了多因素分析。在各影响因素中:首先,通过技术引进渠道可以显著促进效率提升,而外商直接投资由于对本土资源分流等原因阻碍了技术发展。其次,贸易因素里的中间品进口由于其水平效应弱于增长效应在一定程度上阻碍了技术发展;最终产品进口带来的技术溢出效应大于挤出效应有助于效率提升;最终产品出口受制于中国国际产业链分工特点阻碍了技术的发展。

第三,探讨各细分贸易规模指标及其他因素对中国技术进步方向的影响。在劳动密集型技术效率各影响因素中,劳动密集型中间品出口、劳动密集型最终产品进口、劳动密集型最终产品出口和人力资本是中国技术方向偏向于资本的主要原因。在资本密集型技术效率各影响因素中,外商直接投资、中间品进口和最终产品出口是导致中国技术进步方向偏向于资本的原因。两组因素中劳动密集型技术效率相关影响因素的技术偏向效应更明显,技术进步偏向特征是各方面因素综合“角力”的结果。

第四,对模型稳健性与合理性进行了评估。在稳健性分析中对比了三种不同参数设定下计算的劳动与资本密集型技术效率回归结果,表明前述结论对参数设定不具敏感性。在合理性分析中重点讨论了模型的设置形式,结果显示各细分贸易规模指标对中国资本密集型的影响具有门槛效应并且呈现“U”型变化规律。

技术进步方向与经济结构调整和收入分配状况改善等经济问题息息相关,本章的研究结论能为其正确引导提供参考并为后续相关理论研究和政策制定给予一些启示:其一,技术进步方向可被看作结构化指标,分别从劳动和资本密集型效率入手有助于打开黑箱以深入挖掘其变化根源。在追逐劳动效率的同时不应忽略资本效率的同步提升,否则无益于收入分配的优化;其二,在制定贸易政策时需注意不同种类贸易品对不同技术效率乃至技术进步方向的作用机制存在差别,需要对其进行谨慎且全方位的解读。而“技术比较优势”的不同是导致上述各作用机制存在差别的一个较为根本性的原因,因此从长期来看技术重心的迁移和技术结构的优化显得更为重要。

第六章　基本结论与政策建议

近些年中国经济增长出现持续放缓,迫切要求深入挖掘促进经济增长的内在推力。以资源浪费和环境污染为代价的依靠高投入推动经济增长的方式将逐渐被舍弃而技术进步在经济增长中的作用则愈加得到重视,并成为推动经济高质量发展的关键动力。然而技术进步一般并非“中性”而是“有偏”的,技术进步方向如何变化将会影响到“技能溢价”“要素收入分配”“产业结构调整”等重要经济问题,因此探究中国技术方向变化的内生机制尤为必要。通常技术进步有两个主要来源:其一是依靠自主创新;其二是通过技术引进等方式获取国外先进技术。很明显后一种方式对发展中国家来说更为重要,其原因是可以充分发挥发展中国家的“后发优势”,以最小风险和最低成本快速缩短同发达国家之间的技术差距。近年来中国对外经济联系越来越紧密,“出口导向型战略”一直是中国实现经济增长的重要推力然而与出口相比进口对经济的促进作用经常被忽视,除满足内部需求外一些包含先进技术的资本品和中间品的进口可以发挥技术的外溢效应并促进进口国技术进步,由此可见国际贸易是使中国技术进步的重要途径。然而应当注意到不同类型贸易品从进口到出口对技术的影响机制是存在差别的。为此本书从生产过程和要素密集度两个维度对贸易品进行细分并试图构建一个全面的贸易行为对技术效率的传导机制,从“结构”和“规模”两个视角揭示各细分贸易品对中国技术进步方向的影响并旨在解决以下主要问题:贸易结构和细分商品贸易规模分别如何影响技术进步方向、中国的细分商品贸易和技术进步方向特征分别是什么、进口贸易结构是否影响以及如何影响中国技术进步方向、各细分贸易品规模如何影响了中国技术进步方向、贸易政策的调整方向和策略应该是什么。

第一节　基本结论

本书所做的主要工作有:经过相关理论研究与文献梳理以寻找理论渊源并明确相关研究的前沿与不足,从而最终确立本书的研究方向。以发展中国家为视角建立了技术进步方向的内生机制模型,在模型中首次提出了增进型技术进步的一般化测度方法,结合比较静态分析、动态分析和数值分析等手段分别讨论了中间品进口贸易结构和最终产品进口贸易结构对相对增进型技术进步的影响机理。将贸易品细分为中间品和最终产品并分别从进口和出口两个方面全面讨论了其对技术效率的作用机制。通过建立兼顾自主研发和技术引进的适用于发展中国家的内生技术模型以揭示各细分贸易品规模的技术偏向效应。在数据挖掘方面,一方面基于三位数的 SITC 分类和 BEC 分类的二维数据对中国资本品、中间产品与最终产品进口规模和贸易结构等特征进行了分析,对中国进口贸易结构变化原因进行了内生性分析;另一方面从多个视角刻画了中国技术进步方向变化特征并针对中国进口贸易结构与技术进步方向进行了相关分析。在实证分析部分以 CH 模型为基础推导了相对增进型技术进步的影响因素计量模型,以之为基础通过协整与误差修正模型检验了进口贸易结构与自主研发结构对技术进步方向的长短期影响,通过格兰杰因果关系检验探究了变量之间的内生关系,借助方差分解测度了各影响因素对相对增进型技术进步变化的贡献度。结合中国历史数据从规模视角实证检验了中间品和最终产品进出口和其他因素对中国资本密集型和劳动密集型技术效率的影响,从而对中国技术进步方向变化进行深层解读。基于上面内容笔者可以得出以下主要结论:

第一,中间品进口贸易结构对技术进步方向影响的理论模型分析表明:在短期内中间品进口贸易结构对技术进步方向存在正向的水平效应,且只要中间品进口贸易结构取值高于某门槛值(两部门技术相对改进比率的倒数)就会促使相对增进型技术进步上升,反之会下降,因此中间品进口贸易结构是否能促进技术进步方向除自身取值外还与两部门进口中间品相对技术改进比率有关。此外部门内生产率的增长率会制约中间品进口贸易结构对相对增进型技术进步的影响程度。在长期,一个 Z 偏向型中间品进口贸易结构会通过价格效应促使两部门技术进步的相对增长率下降(偏向于要素 L),也就是说中间品进口贸易结构对相对增进型技术进步存在负向的增长效应。最终产品进口贸易结构有可能对相对增进型技术进步存在间接影响,如果最终产品进口贸易结构偏向于 Z 要素密集型产品会使得该种产品的相对价格下降,本土两部门技术市场相对研发利润随之下降,由此使得依赖于本土研发部分的技术进步相对增长率下降(偏向于要素 L 发展)。

第二,基于"贸易规模"视角的技术进步方向内生理论模型表明:首先,进口品通过技术溢出效应和竞争效应两条渠道影响技术效率。其中前者对于不同类别商品进口而言具有异质性:中间品进口可带来生产效率快速提升而最终产品进口的该效应不显著;而"竞争效应"可分解为负向的价格和规模效应并阻碍了技术发展。出口品主要通过"扩张效应"影响技术变化并体现为正向"价格效应"和"规模效应"以提升技术效率。其次,短期中间品进口对技术效率具有正向水平效应。长期各细分贸易指标普遍存在增长效应:中间品和最终产品出口的增长效应为正而进口的该效应为负,与最终产品相比中间品贸易对技术效率的影响更直接且作用时滞更短;各贸易因素对技术进步方向的传导受制于替代弹性: $\varepsilon>1$ 时,如果某变贸易变量促进了资本或劳动密集型技术效率提升最终也会促使技术进步偏向于该要素; $\varepsilon<1$ 时,若某变量促进了某要素密集型技术将导致技术进步偏向于另一种要素。

第三,在 BEC 维度上计算的中国进口贸易结构表明:中间品进口占比一直居于最高且变化稳定,资本品进口占比略高于最终产品进口占比且两者基本呈现出“镜像”变化规律;在 SITC 维度上计算的中国劳动与资本密集型产品进口贸易结构特征表明,资本密集型产品进口占比一直明显高于劳动密集型产品进口占比;基于 BEC 和 SITC 二维数据计算的中国资本品、中间品和最终产品的进口贸易结构表明,资本品进口贸易结构在取值上明显高于中间品和最终产品的进口贸易结构,中间品进口贸易结构次之而最终产品进口贸易结构最低。从变化规律来看资本品进口贸易结构变化的波动较大但呈现先升后降的倒“U”型变化,中间品和最终产品进口贸易结构的变化规律较为相近且整体上呈现出前低后高的“M”型变化,但中间品进口贸易结构的波动明显大于最终产品进口贸易结构。中国进口贸易结构的影响因素分析表明:进口贸易结构是多重因素从不同侧面通过直接或者间接的方式综合作用的结果,其中国际经济环境、本国经济发展水平、汇率水平和知识产权保护构成了主要外部因素且对进口贸易结构的作用多为间接方式;产业结构、比较优势、外商直接投资、内需、政策导向、技术进步方向和出口是主要的结构影响因素且一般对进口贸易结构作用更为直接。在众多影响因素中导致中国中间品进口比重趋高的主要原因是出口;导致资本密集型产品进口比较高的原因来源于中国所具有的比较优势;基于要素密集度划分的中国资本品进口贸易结构形成的主因是技术进步方向;产业结构变化则主导了中国中间品进口贸易结构演变规律,此外出口贸易结构也在其中发挥了一定作用;中国最终产品进口贸易结构变化的本质原因是内需结构。

第四,中国相对增进型技术进步在 1992 年至 2022 年整体上呈现下降趋势,技术进步偏向性指数在测算后大都大于 0,由此表明中国技术进步方向在大多年份偏向于资本要素。相对增进型技术进步与技术进步偏向性指数经比较分析得知:相对增进型技术进步的相对优势是在体现技术进步方向时效果更为直接,而技术进步方向指数则需要以相对增进型技术进步变化为基础进一步考虑要素替代弹性的影响。相对增进型技术进步在体现技术进步方向变化时趋势更加明显和稳定,而技术进步方向指数往往只是根据取值正负来判断技术进步发展方向。与技术进步方向指数相比相对增进型技术进步的劣势是对参数的取值更加敏感。中国进口贸易结构与相对增进型技术进步的相关分析表明两者呈现出非线性关系,在各变量经过取对数处理后发现变量之间出现显著的线性相关形态,其中资本品进口贸易结构与相对增进型技术进步呈正相关关系,而中间品与最终产品进口贸易结构分别与相对增进型技术进步呈负线性相关。

第五,结构视角下细分贸易品对中国技术进步方向影响的检验表明:其一,自主研发结构和资本品进口贸易结构、中间品进口贸易结构以及最终产品进口贸易结构是影响中国技术进步方向的重要因素。由于模型的因变量与自变量皆为结构化指标,由此表明对于技术进步方向来说用结构化指标作为影响因素来分析将更具解释力。以之为基础的协整分析显示相对增进型技术进步与资本品、中间品和最终产品进口贸易结构以及自主研发结构之间存在长期均衡稳定的协整关系。长期来看,自主研发结构和最终产品进口贸易结构对相对增进型技术进步具有促进作用,中间品进口贸易结构对相对增进型技术进步具有阻碍作用,此外资本品进口贸易结构虽然在长期对相对增进型技术进步是促进作用但该效应并不显著。误差修正模型分析得知资本品、中间品和最终产品进口贸易结构和自主研发结构对相对增进型技术进步的影响在短期内并不显著,从各变量对相对增进型技术进步的影响方向来看,短期内起到正向促进作用的有资本品进口贸易结构和中间品进口贸易结构,而起到阻碍作用的有自主研发投入结构和最终产品进口贸易结构。其二,基于 VAR(2)模型和 VAR(3)模型的长期格兰杰因果关系检验在显著性水平取 5%时得到的稳健结论是:资本品进口贸易结构和中间品进口贸易结构是相对增进型技术进步的长期格兰杰原因,自主研发结构和最终产品进口贸易结构则不是相对增进型技术进步的长期格兰杰原因;相对增进型技术进步与资本品、中间品和最终产品进口贸易结构皆不是自主研发结构的长期格兰杰原因;相对增进型技术进步、资本品和最终产品进口贸易结构也不是中间品进口贸易结构的长期格兰杰原因但中间品进口贸易结构内生于该系统;自主研发结构不是最终产品进口贸易结构的长期格兰杰原因然而最终产品进口贸易结构内生于经济系统。短期格兰杰因果关系检验结果表明各变量之间的短期因果关系不明显。其三,相对增进型技术进步为因变量的方差分解分析显示:在各影响因素中最终产品进口贸易结构对相对增进型技术进步变化的影响度最高,并且最终产品进口贸易结构的影响力在第三期达到最大值 19.82%,而后逐期降低并稳定在 14%左右;自主研发结构对相对增进型技术进步变化的影响是潜移默化且逐渐增强,经历 11 期自主研发结构的影响力达到最大 10.60%左右且基本保持稳定;中间品进口贸易结构对相对增进型技术进步方差贡献在一期后达到最大值 11.14%而后长期内稳定在 8.7%左右;对相对增进型技术进步影响力最弱的为资本品进口贸易结构其方差贡献仅占 5.4%左右。

第六,规模视角下细分贸易品对中国技术进步方向影响的检验表明:其一,在中国劳动密集型技术效率各影响因素中,中间品和最终产品出口均起到显著促进作用从而验证了理论预期。基于高技术模仿和吸收能力最终产品进口也在其提升中发挥积极作用。人力资源结构呈现出“劳动偏向”特征助推了该技术的向前发展。因此上述各因素也同时是中国技术方向偏向于资本的主要原因。其二,在中国资本技术效率各影响因素中:首先,通过技术引进渠道可以显著促进效率提升,而外商直接投资由于对本土资源分流等原因阻碍了技术发展。其次,贸易因素里的中间品进口由于其水平效应弱于增长效应在一定程度上阻碍了技术发展;最终产品进口带来的技术溢出效应大于挤出效应有助于效率提升;最终产品出口受制于中国国际产业链分工特点阻碍了技术的发展。因此,上述各因素中外商直接投资、中间品进口和最终产品出口都是导致中国技术进步方向偏向于资本的原因。其三,横向对比两种类型技术效率发现:与资本密集型技术效率相比,劳动密集型技术效率乃至其系列影响因素对中国技术进步方向的影响更具主导作用。各细分贸易规模指标的“技术外溢”效应更容易体现出劳动密集型技术效率的提升,而其对资本密集型技术效率的作用则具有“门槛效应”并普遍呈现“U”型变化规律,本土对外来先进技术的吸收能力和模仿能力是导致该现象的一个主要原因。

第二节　启示与建议

一、对外贸易政策的优化与选择

（一）贸易政策的调整方向与依据

评价某时期对外贸易政策是否合理应该与国家当前的经济目标紧密联系起来。毋庸置疑,进出口贸易在我国经济增长过程中发挥着至关重要的作用,而贸易结构的变化亦将影响着经济结构调整乃至经济走向。裴长洪

(2013)指出经济增长与进口贸易结构变化存在着明确的正向关联性,而优化进口贸易结构是改善经济供给面的重要内容,虽然文章较详细和系统地揭示了进口贸易结构与经济增长的变化关联,略有遗憾的是没有指出进口贸易结构影响经济增长的内在原因,类似问题也可见于其他进口贸易结构与经济增长的相关研究。本书论证了中国进口贸易结构和细分贸易品规模对技术进步方向的影响机理和作用关系,而技术进步是经济增长最为重要的推力。因此贸易政策应当如何制定和调整当以经济增长为最终目的,然而贸易结构对经济增长的作用却是通过影响技术进步方向而间接达成的,由此可见问题的关键归结为技术进步方向应当如何发展。

本书技术进步方向选择的角度是观察技术进步更有利于资本要素还是劳动要素效率的提升,相关的技术进步方向的应用研究主要是被用于解释要素收入分配或劳动收入占比下降问题。其大致思想是假设存在一个规模报酬不变的生产函数,资本和劳动是主要的生产要素,根据欧拉公式可知总产出可以划分为资本要素收入和劳动要素收入两部分,其中的资本要素收入则取决于资本边际产出和资本投入规模,而劳动要素收入取决于劳动边际产出和劳动投入量,由此可见资本和劳动两个要素的边际产出之比(技术进步方向的主要构成)是分析要素收入分配问题的关键。收入分配差距过大已经成为中国当前一个重要的现实问题,根据国家统计局公布的数据可知我国居民收入的基尼系数 2003 年为 0.479,2008 年达到最高点 0.491 而后逐年下降,2016 年以来至 2022 年为止基尼系数基本稳定在 0.47 左右,而在 20 世纪 80 年代初的基尼系数仅为 0.3 左右,主要发达国家的基尼系数一般都在 0.24 到 0.36 之间。收入差距过大除了带来一些社会问题以外,对经济的最大影响则是影响一个国家的内需从而阻碍经济增长。因此从收入分配的角度来看,为了缓解劳动收入占比下降应该尽量减缓技术进步方向偏向于资本的速度。需要特别说明的是技术进步方向的调节应当适度否则有可能出现矫枉过正,本书认为增加劳动收入占比并不是要以降低资本效率为代价而是应该尽可能增加劳动要素效率。

当然技术进步方向的作用不仅限于解释要素收入分配问题,由于技术进步方向的应用研究在国内起步较晚因此基于资本与劳动要素视角的技术进步方向对经济影响的研究成果并不多见,笔者认为技术进步方向对经济另外一个更为直接的影响是具有产业结构调整作用。假设整个经济可分为资本密集型产业和劳动密集型产业,各产业商品的生产均可以由含有资本和劳动要素的生产函数来表达且假定该生产函数为中性技术进步形式,将两个产业生产函数相除便可以得到整个经济的产业结构,并会发现该产业结构是两种类型产业相对技术生产效率的函数,由此可见技术进步方向的变化会直接导致产业结构发生改变。从直观上理解,如果资本密集型产业的生产效率更高则该产业的生产规模和产值所占比重则越大。中国是富含劳动生产要素的国家,按照比较优势理论应该首先发展劳动密集型产业,那么这个时候应该通过引导使得技术进步方向下降也即技术进步的重点应该是提高劳动要素生产率;而如果随着中国社会的进步和要素禀赋的转变将产业结构调整政策重点确定为发展资本密集型产业,那么对应的技术进步方向策略应该是侧重于提高资本要素生产率。

综上可知,关注的经济问题和目标不同会直接导致技术进步方向的引导策略存在差别,因此正确和适度地引导技术方向需要综合考虑各方面因素并权衡利弊,一旦技术进步引导方向确立下来则可以借助本书分析所得结论对应地确立对外贸易的调整策略。

(二) 基于技术进步方向的贸易结构调整策略

1. 资本品进口贸易结构的调整

资本品进口贸易结构在短期和长期都会正向促进中国技术进步方向,

因此应该将资本品进口贸易结构作为引导技术进步方向的一条重要途径。如果为了缩小收入分配差距而需要使技术进步方向偏向于劳动要素,那么资本品进口贸易结构则需要通过一些战略性贸易政策使其有所下降。本书的理论模型分析曾指出,进口贸易结构并非一定正向促进技术进步方向而是需要结合相对技术改进比率,如果相对技术改进比率越大则可以增强进口贸易结构对技术进步方向的促进效果。因此在进口资本品时应该尤其注意物化于其中的技术含量以及技术生命周期,如果进口的资本品技术含量不高或技术所处生命周期靠后,则只能在短期内起到有限的技术改进效应并与资本品进口初衷相背离。当然进口资本品也并非技术含量越高技术越前沿就越好,而是应该与进口国的实际接收能力相关联,林毅夫和张鹏飞(2006)也曾指出一个国家最适宜的技术结构内生决定于这个国家的要素禀赋结构,因此进口什么样的资本品能否把握恰当的尺度很重要。需要注意的是调整资本品贸易进口结构只是手段而并非目的,最终目的是促进经济增长而影响途径则是促进技术进步,因此资本密集型技术和劳动密集型技术都需要促进,应该尽可能地发挥和挖掘进口先进机器设备中蕴含的技术溢出效应。此外资本品进口贸易结构的短期调整效应更加明显,因此尤其适用于短期并且需要快速见效的调整目标,然而随着时间的推移进口资本品的技术优势可能会逐渐丧失,因此在长期内资本品进口贸易结构的技术进步偏向效应并不显著。

2. 中间品进口贸易结构的调整

虽然中间品进口贸易结构短期对中国技术进步方向有促进作用,但从长期来看却显著地存在负向抑制作用,依赖中间品进口贸易结构调整技术进步方向需要特别注意其短期效应与长期效应的差别。长期中间品进口贸易结构虽不能正向促进技术进步方向,但辩证地来看其可以将其作为一种反向调节手段,也就是说,如果欲使技术进步长期偏向于劳动要素发展则可以增加中间品进口贸易结构（资本密集型中间产品占比）从而起到反向调节的作用。前文曾提及中国中间品进口的主要驱动因素是源于中国贸易形式为加工贸易，很多商品生产的具有核心技术的零部件都依赖于进口，而中国则处在产品内分工的后期，最终导致产品生产的附加值和利润率都很低。从长远来看，无论是资本密集型中间产品还是劳动密集型中间产品都应当逐渐摆脱对进口的依赖，也就是说增加中间进口贸易结构的方式并非是要资本密集型中间品进口的增长率高于劳动密集型中间品进口增长率，而应该是资本密集型中间品进口的减少率低于劳动密集型中间品进口减少率。除调整对应的战略性贸易政策以外，只有调整产业结构才能在本质上引致中间品进口贸易结构发生变化。

3. 最终产品进口贸易结构的调整

最终产品进口主要是满足国内消费者由于内部供给不足而产生的额外的消费需求，然而本书的理论和实证分析表明最终产品进口贸易结构对技术进步方向存在间接影响，因此在满足内部需求的同时要兼顾其对技术进步带来的附带效应：最终产品进口贸易结构对中国技术进步方向短期存在负向影响而长期却会对其起到正向促进作用，其中短期最终产品进口贸易结构对技术进步方向存在负向影响的主要原因是若最终产品进口贸易结构（资本密集型最终产品占比）增加会导致两种类型产品相对价格降低（价格效应），从而降低了本土相对研发利润最终导致技术进步方向偏向于劳动要素，而从长期来看资本密集型最终产品的进口刺激了出口国资本密集型技术的研发动机，从而提高了其资本密集型产品生产技术，再通过技术的外溢效应间接促进了进口国资本密集型技术的进步，因此最终产品进口贸易结构对中国技术进步方向在长期内是正向促进的。① 由此表明世界上不同

① 具体可见第二章第一节理论模型部分。

国家之间经济联系越来越紧密，中国作为贸易大国无论是出口还是进口都会对贸易伙伴国家产生重要影响。如果目标是促使技术进步偏向于资本要素发展则长期来看增加最终产品进口贸易结构是有利的，而扩大最终产品进口贸易结构对中国技术进步方向的间接影响的策略是尽量选择技术发展水平高于本国的发达国家作为贸易对象，以便最大限度地发挥技术的外溢效应，此外增加进口规模以扩大中国进口贸易的影响力也可以一定程度上扩大进口贸易结构间接的技术进步偏向效应。笔者认为，一方面最终产品进口贸易结构对技术进步方向的影响机制是间接的；另一方面虽然可以通过系列战略性贸易政策调节最终产品进口贸易结构，然而最终产品进口贸易结构主要内生于内部需求结构，因此最终产品进口贸易结构不应作为引导技术进步方向的主要途径。

（三）细分贸易品进出口规模调整的政策启示

贸易结构的划分和测度需要以各类细分商品贸易规模为基础，因此在制定贸易政策时除了要不断优化贸易结构以外还需力求合理化各类贸易品进出口规模，此处分别从进口和出口两个方面来阐述前文分析结论带来的政策启示。

1. 进口贸易规模的分类调控

进口贸易过程具有技术外溢效应因此更容易实现技术效率提升，而如何扩大技术外溢效果是政策制定关键。由前述分析可知，不同类别商品的技术外溢效应存在差别，因此总体而言应该首先鼓励内涵高技术和高质量的中间类商品的进口，这样可以使得进口国快速使用或模仿物化于进口商品中的先进技术。然而我们在实证分析中发现无论对于资本密集型技术还是劳动密集型技术，起到明显促进作用的并非中间品进口而是最终产品进口，该结果肯定了各类最终产品进口的技术溢出效应，因此应该得到继续鼓励和加强。另一方面也说明我们并未如理论预期那样获取了中间品进口带来的技术促进效果,其中一个主要原因应该是技术发达国家对其核心技术的封锁和保护,使得我国进口的中间品大多仅成为其全球产业链布局的某个环节而已。因此在保障各类商品进口技术和质量的同时,应该提高本国自主创新能力和人力资本积累水平,从而强化对先进技术的吸收能力并扩大商品进口的技术外溢效果。当然也当注意到商品进口除具有技术溢出效应以外还存在竞争效应,该效应对技术进步的影响是双向的因此需要辩证对待。一方面,应该注意控制商品进口带来的负向价格效应和规模效应带来的不利影响,比如由前文分析可知中国资本密集型中间品进口的负向增长效应更为凸显并阻碍了技术发展,因此在进口过程中其规模应该适度控制,此外对于一些需要发展的本土幼稚产业可以对同类商品进口适度征收关税以进行保护;另一方面,应该积极发挥竞争效应对本土企业的正向激化效果,利用市场经济的竞争属性形成倒逼机制以促进本土企业的技术研发和创新能力。

2. 出口贸易规模的分类调控

贸易品出口的技术进步效应经常容易被忽略,其原因在于商品出口过程中很难生成像进口那样明显的技术外溢效应。尽管如此,伴随着出口的商品扩张效应(体现为正向的价格效应和规模效应)仍然可能会对技术效率具有积极影响。因此基于理论分析无论是中间类商品还是最终消费产品的出口都应该得到积极鼓励,这点也与我国当前的出口导向型贸易战略相契合。然而不同类别商品的出口应该能够区分轻重并做到分类调控。前述分析表明,劳动密集型中间品出口和最终产品出口均具有明显的技术促进效应。中国当前处于经济转型阶段然而劳动密集型的要素禀赋仍然是主要特征,因此在政策上应该继续鼓励上述两种类型商品的出口从而助推国内经济增长和就业稳定,从长远来看由于其对劳动密集型技术的促进效应也将进一步强化我国的比较优势。此外由前文实证分析得知,各类商品出口在对中国资本密集型技术的带动方面表现不佳,该结果首先与我国所处经济发展阶段有关,因此笔者相信在未来会有所改善;另一个重要原因则是中国在资本密集型产品的国际产业链分工中处于不利局面所致。因此应该增强我国出口企业在资本密集型技术的研发和创新能力,以丰富享有具有自主知识产权的产品种类,延长我国出口企业在国际分工中所处产业链条的长度,增加产品附加值从而进一步加大自主研发动力。

二、贸易政策以外的其他相关政策

(一)完善自主创新体系

对于发展中国家的中国来说,在其发展的初期通过进口先进的机器设备、购买专利等技术引进手段的确可以充分发挥后方优势,从而快速缩小与发达国家先进技术的差距,然而随着中国与发达国家技术水平差距的不断减少,通过技术引进实现快速促进技术进步的福利必然逐渐消失,此时依靠自主创新的方式促进技术进步的必要性则逐渐显现出来。根据本书的实证分析得知,虽然自主研发结构在短期内会阻碍中国技术进步方向,然而从长远来看,自主研发结构却对技术进步方向有显著的促进作用。自主研发需要投入大量成本并承担巨大的研发风险,然而一旦研发成功却可以使研发成功企业成为先进技术的引领者并彻底改变企业处于“加工贸易”的不利局面。因此对于处于转型时期的中国来说,在一些不具有技术优势的领域仍然可以采用系列技术引进的手段以继续发挥后方优势,然而对于一些与本国比较优势相匹配且具有一定技术基础的企业则应该加大力度鼓励自主研发。具体可从以下几个角度来完善自主创新体系。

其一,应该继续加大研究与试验发展(R&D)经费的投入强度。本书对相对增进型技术进步的方差分解分析表明自主研发投入对技术进步的影响是需要长期的积累并逐渐增强的。近年来我国研发经费投入总量呈不断上升趋势并先后超过英国、法国、德国和日本成为仅次于美国的世界第二大科技经费投入大国,然而世界上不同经济体之间激烈的竞争首先体现的是科学技术的竞争,只有继续不断增加自主研发投入强度才能保证一定的"规模效应"和"累积效应"使本国在竞争中生存下来或保持优势。其二,要提高研发投入效益。除保证一定的研发投入规模以外,提高研发经费的收益率更为必要,为此应该提高研发投入资金的使用效率和研发投入的针对性,杜绝科研经费误用和滥用的现象发生。其三,优化研发投入结构。如果研发投入的结构不合理则不能做到物尽其用,因此研发投入结构的优化可以提高研发收益。本书证明了研发投入结构对技术进步方向在长期存在显著影响,因此合理的研发投入结构可以保障技术进步方向的正确引导。政府应该鼓励企业将研发资金重点投入到具有发展潜力并与自身比较优势相匹配的领域,而在研发投入调节过程中应该去行政化充分发挥市场的自主调节作用。其四,降低研发风险。很多企业自主研发积极性不高的原因在于研发过程往往周期长且风险高,因此政府应该完善相关政策保障体系以降低企业研发风险。

(二)优化要素禀赋结构

阿西莫格鲁(2002)用市场规模效应与价格效应解释了技术进步方向变化的深层原因,也就是说某要素密集型产品生产规模越大或者价格越高都会使得该种类技术研发动机更强,从而使技术进步偏向于该种要素发展,生产规模越大意味着该种产品密集使用的生产要素越丰裕,而价格越高意味着该产品密集使用的生产要素越稀缺,由此可知技术进步的发展方向归根结底取决于要素禀赋结构。阿西莫格鲁(2002)的分析主要针对发达国家,因此其技术进步主要依赖于自主研发,本书论述的细分商品贸易是除自主研发以外影响发展中国家技术进步方向的另一个重要途径,然而要素禀赋理论表明一国的要素禀赋结构是影响贸易结构的基础,由此可知,发展中国家的技术进步方向依然在本质上取决于其要素禀赋结构。因此调整和优化中国要素结构使得各种资源达到最优配置尤为必要。

通常的生产要素包括资本要素与劳动要素,狭义的要素禀赋结构一般是指资本要素与劳动要素之比或劳均资本,中国劳动要素比较丰裕按照比较优势理论一般更倾向于发展劳动密集型产业,然而也因此使中国处于从事低附加值的"加工贸易"的局面。为此中国仍然需要有计划和有规律地不断进行资本深化来实现要素禀赋结构的逐渐优化。笔者认为从广义上来看,除劳均资本以外资本和劳动要素自身的结构也可以认定为要素禀赋结构,比如资本要素结构可以包括资本的产业分配结构、资本的区域分配结构等,而劳动要素结构也可以按照诸如产业、区域或技能等角度进行划分,从这个角度来看要素禀赋结构的优化将涉及很多方面且是较为复杂的。[①] 在要素禀赋结构调节过程中应该尽量做到资本要素结构与劳动要素结构相互匹配,才能物尽其用而人尽其才,从而达到资源配置的优化。资本要素禀赋结构可以在资本积累过程中不断调节和引导,与之相比劳动要素禀赋结构的调节难度则更大,其中从技能角度划分劳动要素禀赋结构即人力资本结构的优化则更为关键。中国从事低附加值的加工贸易、自主创新能力不足等问题的根本原因是中国富含低技能型劳动力而严重缺乏技能型劳动者和高技术人才,因此应逐渐提高人力资本结构中技能型劳动者的比重。具体

① 需要说明的是本书中的要素禀赋结构与要素投入结构存在本质的不同,要素投入是指流量而经历多年要素投入累积形成的存量则可以看成是一种要素禀赋。

措施可以分为培养人才和留住人才两个方面，在培养人才方面继续普及基础教育并将改革重点集中于高等教育，通过促使高等教育的职业化和技能化以优化高等教育结构并建立高校与企业的对接机制。另外，人才培养出来却有可能面临人才流失的问题，因此吸引人才的工作更为必要。政府应该通过诸如增加待遇和营造环境等措施留住本土人才、吸引外来人才，践行“人才强国”战略。当然高技能和知识密集型人才本身的结构调整同样重要，前述研究发现人力资源结构显著推动了中国劳动密集型技术的发展，而对资本密集型技术带动不大。因此应该逐步优化人才在各类型产业的布局，为中国未来构建以国内大循环为主体和国内国际双循环的新发展格局做好准备。

附　　录

附表 1　1992—2022 年中国资本与劳动要素投入数据

年份	资本（亿元）	劳动（万人）	年份	资本（亿元）	劳动（万人）
1992	34967. 39	66152	2008	287790. 56	75564
1993	39197. 12	66808	2009	349229. 03	75828
1994	44296. 67	67455	2010	407872. 58	76105
1995	49912. 57	68065	2011	463898. 95	76420
1996	56034. 94	68950	2012	517408. 00	76704
1997	62456. 97	69820	2013	568514. 60	76977
1998	69860. 37	70637	2014	617341. 87	77253
1999	77474. 85	71394	2015	663925. 78	77451
2000	85715. 23	72085	2016	708332. 49	77603
2001	95069. 78	72797	2017	750555. 87	77640
2002	106228. 75	73280	2018	790614. 07	77586
2003	120806. 57	73736	2019	1273467. 76	75447
2004	138654. 50	74264	2020	1378566. 89	75064
2005	161337. 65	74647	2021	1469123. 35	74652
2006	189425. 83	74978	2022	1553348. 21	73351
2007	223396. 38	75321			

附表 2　1992—2017 年中国收入法构成项目数据　（单位:亿元）

年份	劳动者报酬	生产税净额	固定资产折旧	营业盈余
1992	13029. 98	3460. 41	3318. 61	6118. 66
1993	16934. 59	4807. 72	3996. 17	8481. 09
1994	22828. 58	6270. 51	5443. 31	10802. 70
1995	29593. 50	7459. 26	7056. 22	13426. 20
1996	34702. 71	8632. 82	8737. 93	15690. 32
1997	38952. 64	9957. 10	10422. 34	17007. 12
1998	41960. 64	10933. 28	11847. 49	17817. 00
1999	44082. 04	11848. 27	13227. 02	19058. 31
2000	47975. 55	13855. 85	15083. 26	21589. 44
2001	52356. 10	15113. 46	16967. 46	24109. 31
2002	57578. 74	16641. 77	18796. 14	27554. 38
2003	64271. 52	19376. 46	21962. 10	33639. 97
2004	69640. 12	23624. 00	23568. 55	50754. 92
2005	81888. 02	29521. 99	27919. 21	58459. 81
2006	93822. 83	32726. 66	33641. 84	70862. 02
2007	109532. 27	40827. 52	39018. 85	86245. 97
2008	139915. 99	48179. 32	44194. 25	88174. 61
2009	170299. 71	55531. 11	49369. 64	90103. 24
2010	196714. 07	66608. 73	56227. 58	117456. 61
2011	234310. 26	81399. 26	67344. 51	138387. 09
2012	262864. 06	91635. 05	74132. 87	147919. 85
2013	290561. 08	99321. 46	81178. 39	159389. 70
2014	318258. 10	107007. 87	88223. 90	170859. 55
2015	346159. 45	107444. 10	95180. 59	173983. 72
2016	370224. 33	110762. 46	107001. 19	192081. 98
2017	402438. 86	120216. 67	114895. 84	209588. 74

附表 3　1992—2022 年中国资本收入与劳动收入数据　（单位：亿元）

年份	资本收入	资本收入增加值	劳动收入	劳动收入增加值
1992	10890.80	—	15036.86	—
1993	14516.81	3626.01	19702.75	4665.89
1994	18853.09	4336.28	26492.01	6789.26
1995	23533.46	4680.37	34001.72	7509.72
1996	27994.66	4461.20	39769.14	5767.41
1997	31543.79	3549.13	44795.41	5026.28
1998	34192.65	2648.86	48365.76	3570.35
1999	37294.35	3101.69	50921.29	2555.53
2000	42675.55	5381.21	55828.54	4907.25
2001	47721.24	5045.69	60825.09	4996.55
2002	53772.44	6051.20	66798.59	5973.50
2003	64589.63	10817.19	74660.42	7861.83
2004	86519.73	21930.11	81067.85	6407.44
2005	101533.98	15014.25	96255.05	15187.19
2006	121748.45	20214.47	109304.90	13049.85
2007	147046.40	25297.95	128578.21	19273.31
2008	155790.79	8744.39	164673.36	36095.15
2009	164475.36	8684.57	200828.34	36154.98
2010	204917.82	40442.46	232089.17	31260.83
2011	243787.97	38870.15	277653.14	45563.97
2012	264014.17	20226.20	312537.66	34884.52
2013	285558.83	21544.66	344891.79	32354.13
2014	307103.49	21544.66	377245.92	32354.13
2015	316164.16	9060.66	406603.71	29357.79
2016	348577.90	32413.74	431492.06	24888.35
2017	378146.97	29569.07	468993.14	37501.07
2018	383331.67	5184.69	531375.79	62382.66
2019	404209.97	20878.30	581123.14	49747.35
2020	402523.31	-1686.66	609891.63	28768.49
2021	471264.96	68741.65	666478.44	56586.81
2022	503743.96	32479.00	699718.24	33239.80

附表 4　1992—2022 年中国资源与劳动密集型资本品、中间品、最终产品进口

（单位：亿美元）

年份	资本品	中间品	最终产品
1992	0. 5242	112. 6452	17. 6298
1993	0. 5811	120. 7256	19. 0920
1994	0. 6216	146. 7336	20. 5041
1995	0. 7183	165. 5537	25. 8835
1996	0. 7777	182. 7181	28. 2160
1997	0. 5342	192. 6470	27. 1350
1998	0. 5176	181. 3772	25. 0624
1999	0. 5092	189. 4187	24. 9061
2000	0. 6271	216. 8520	28. 1029
2001	0. 8210	209. 3344	30. 3856
2002	1. 0362	225. 4914	33. 1316
2003	1. 6475	249. 6555	38. 9811
2004	2. 0058	277. 2845	44. 8049
2005	2. 0282	279. 2922	48. 7343
2006	2. 5150	299. 2909	55. 4531
2007	3. 7355	313. 1290	68. 4484
2008	3. 8869	310. 6864	76. 7250
2009	3. 8371	277. 6610	69. 5017
2010	4. 7413	361. 3354	91. 8047
2011	6. 2962	421. 3679	124. 6883
2012	6. 4144	427. 4166	138. 0501
2013	6. 7968	492. 4665	153. 8649
2014	8. 1018	735. 0240	172. 3656
2015	7. 3365	477. 0506	181. 3262
2016	7. 7097	438. 1953	181. 8515
2017	8. 8283	460. 9045	205. 3906
2018	9. 4619	493. 9263	235. 6385
2019	8. 8082	439. 7267	255. 2351
2020	7. 4885	414. 8743	271. 4048
2021	8. 8383	530. 8849	330. 0304
2022	7. 6649	460. 7699	289. 0779

附表 5　1992—2022 年中国低等技术资本品、中间品、最终产品进口

（单位:亿美元）

年份	资本	中间品	最终产品
1992	4. 8228	52. 4328	3. 1146
1993	8. 9576	139. 4263	7. 2247
1994	11. 6612	109. 7536	8. 6604
1995	10. 8439	81. 1903	5. 7462
1996	5. 8041	88. 6025	3. 9576
1997	5. 5155	84. 0712	3. 1836
1998	5. 6694	81. 6084	2. 9785
1999	5. 9427	91. 6650	3. 5148
2000	7. 3578	116. 4139	4. 3299
2001	9. 8890	128. 8233	4. 9366
2002	11. 7101	161. 6758	5. 0139
2003	15. 4659	256. 2699	6. 2596
2004	18. 9224	280. 9535	7. 3883
2005	18. 9550	316. 9319	6. 4458
2006	27. 4552	283. 2222	7. 2273
2007	34. 0798	321. 6831	9. 7194
2008	37. 2673	365. 3731	11. 6886
2009	43. 9199	350. 1929	13. 3208
2010	48. 0520	357. 7255	13. 6624
2011	139. 1740	1054. 8400	52. 3136
2012	44. 1815	349. 7929	16. 7350
2013	44. 8466	339. 1159	17. 6080
2014	49. 0192	364. 8064	17. 9705
2015	43. 9732	319. 4263	16. 7628
2016	43. 9732	319. 4263	16. 7628
2017	45. 8027	353. 5081	18. 4008
2018	49. 9314	378. 0493	20. 3191
2019	47. 3855	385. 8436	20. 6384
2020	45. 4339	513. 8017	23. 7407
2021	54. 3348	598. 9091	32. 8116
2022	38. 5658	593. 1672	28. 3357

附表6　1992—2022年中国中等技术资本品、中间品、最终产品进口

（单位：亿美元）

年份	资本	中间品	最终产品
1992	123.4663	77.5298	14.2250
1993	185.9141	105.2157	19.7285
1994	209.3802	114.0782	17.9330
1995	213.2301	128.2769	15.7284
1996	226.0032	142.6665	13.1643
1997	183.0848	135.6204	12.0590
1998	169.2610	137.0027	11.7783
1999	185.0330	162.4865	14.7774
2000	225.2704	212.6022	18.6670
2001	260.9048	243.9734	22.5815
2002	322.9911	303.2266	33.2276
2003	429.0313	433.6684	49.6398
2004	561.1487	568.1269	58.8329
2005	556.5172	619.7522	62.5573
2006	631.4443	767.9073	81.1225
2007	724.8814	915.0292	102.4238
2008	811.3918	1028.1123	130.1843
2009	708.4444	958.9359	126.5670
2010	988.3180	1305.3519	217.3355
2011	1190.7240	1514.4742	287.3427
2012	1023.6762	1422.8362	305.7818
2013	1006.4395	1472.6670	318.6747
2014	1041.0231	1549.9750	385.6178
2015	912.0861	1376.9100	301.8112
2016	853.3872	1341.4600	299.5747
2017	982.8484	1473.1900	335.3514
2018	1167.4600	1647.5000	345.9629
2019	1076.6528	1537.8505	337.6488
2020	1080.5692	1568.4420	326.2631
2021	1272.2117	1821.4808	379.2436
2022	1109.5353	1613.3245	365.6058

附表 7　1992—2022 年中国劳动与资本密集型产品进口情况

年份	劳动密集型产品（单位:亿美元）	资本密集型产品（单位:亿美元）	劳动密集型产品占比（单位:百分比）	资本密集型产品占比（单位:百分比）
1992	130.7992	275.5912	32.19	67.81
1993	140.3987	466.4669	23.14	76.86
1994	167.8593	471.4664	26.26	73.74
1995	192.1556	455.0159	29.69	70.31
1996	211.7119	480.1982	30.60	69.40
1997	220.3162	423.5344	34.22	65.78
1998	206.9572	408.2982	33.64	66.36
1999	214.8341	463.4195	31.67	68.33
2000	245.5819	584.6411	29.58	70.42
2001	240.5410	671.1086	26.39	73.61
2002	259.6591	837.8451	23.66	76.34
2003	290.2841	1190.3349	19.61	80.39
2004	324.0953	1495.3728	17.81	82.19
2005	330.0547	1581.1593	17.27	82.73
2006	357.2591	1798.3789	16.57	83.43
2007	385.3128	2107.8168	15.45	84.55
2008	391.2983	2384.0174	14.10	85.90
2009	350.9997	2201.3809	13.75	86.25
2010	457.8815	2930.4452	13.51	86.49
2011	552.3524	4238.8703	11.53	88.47
2012	571.8811	3163.0037	15.31	84.69
2013	653.1282	3199.3517	16.95	83.05
2014	915.4913	3408.4120	21.17	78.83
2015	665.7133	2970.9733	18.31	81.69
2016	627.7565	2861.0737	17.99	82.01
2017	675.1234	3209.1036	17.38	82.62
2018	739.0267	3609.2192	17.00	83.00
2019	703.7700	3406.0196	17.12	82.88
2020	693.7675	3558.2505	16.32	83.68
2021	869.7536	4158.9915	17.30	82.70
2022	757.5127	3748.5343	16.81	83.19

附表 8　1992—2022 年中国资本品、中间品和最终产品进口情况

年份	资本品（单位:亿美元）	中间品（单位:亿美元）	最终产品（单位:亿美元）	资本品占比（单位:百分比）	中间品占比（单位:百分比）	最终产品占比（单位:百分比）
1992	181.8044	418.4194	169.2949	23.63	54.37	22.00
1993	269.4590	536.5312	167.5499	27.68	55.11	17.21
1994	313.7857	581.3791	196.7661	28.74	53.24	18.02
1995	320.0312	658.8491	244.4087	26.16	53.86	19.98
1996	320.0093	727.7227	254.2137	24.58	55.90	19.53
1997	282.1116	767.9388	265.6509	21.44	58.37	20.19
1998	291.8016	798.0609	271.2984	21.44	58.63	19.93
1999	340.5224	950.9099	317.5477	21.16	59.10	19.74
2000	426.6933	1242.7970	391.6945	20.70	60.30	19.00
2001	498.2325	1347.1850	424.9181	21.95	59.34	18.72
2002	609.7694	1691.3700	514.1080	21.66	60.08	18.26
2003	877.1295	2313.0290	658.0442	22.79	60.11	17.10
2004	1170.7710	3011.1330	866.4182	23.19	59.65	17.16
2005	1296.7060	3530.0680	1020.7490	22.18	60.37	17.46
2006	1515.0310	4162.3230	1168.8720	22.13	60.80	17.07
2007	1707.9190	4954.4780	1452.2980	21.05	61.06	17.90
2008	1882.1000	5251.4100	1628.3940	21.48	59.93	18.58
2009	1681.4030	4941.4880	1538.9120	20.60	60.54	18.86
2010	2210.4960	6479.0850	2079.5710	20.53	60.16	19.31
2011	2671.8210	7997.4150	2587.2070	20.15	60.33	19.52
2012	2605.5720	7462.5460	2607.9270	20.56	58.87	20.57
2013	2640.2960	8079.8600	2777.8150	19.56	59.86	20.58
2014	2657.9510	8315.2470	2895.6060	19.16	59.96	20.88
2015	2463.6557	11888.3914	1178.5258	15.86	76.55	7.59
2016	2324.2100	11191.4944	1208.7378	15.78	76.01	8.21
2017	2101.5434	8132.1319	891.3562	18.89	73.10	8.01
2018	2404.4534	16162.7243	1582.9439	11.93	80.21	7.86
2019	2646.1939	15323.3875	1774.4167	13.40	77.61	8.99
2020	2652.3238	15461.3301	1920.0439	13.24	77.18	9.58
2021	3139.2739	20301.9074	2247.7424	12.22	79.03	8.75
2022	3636.8633	19958.1276	2210.9981	14.09	77.34	8.57

附表 9　1992—2022 年中国资源与劳动密集型资本品、中间品、最终产品出口

（单位：亿美元）

年份	资本品	中间品	最终产品
1992	5. 6596	90. 3427	289. 5387
1993	6. 8210	93. 2863	326. 4593
1994	8. 9528	131. 6535	416. 6262
1995	10. 4072	165. 2388	443. 9820
1996	11. 3258	146. 9710	459. 9816
1997	14. 3993	171. 5570	573. 1709
1998	15. 5081	160. 8169	557. 6250
1999	17. 0372	167. 7826	571. 2928
2000	21. 2737	214. 2435	678. 0726
2001	22. 0544	231. 8735	688. 2921
2002	28. 5539	288. 2166	794. 9089
2003	35. 7034	369. 7974	981. 2549
2004	45. 6096	474. 2323	1178. 1000
2005	58. 9560	591. 1130	1444. 3300
2006	72. 4196	729. 9768	1787. 2300
2007	90. 9230	855. 1662	2149. 5900
2008	108. 0418	974. 2059	2390. 8500
2009	96. 5767	860. 9967	2155. 3100
2010	119. 4938	1125. 4800	2653. 5000
2011	137. 9158	1410. 6600	3152. 3900
2012	164. 4120	1555. 6700	3399. 7900
2013	172. 1311	1769. 8800	3701. 5500
2014	176. 3950	1913. 9500	3909. 1200
2015	182. 5755	1957. 6300	3829. 6100
2016	172. 2132	1783. 1900	3492. 6800
2017	190. 6216	1812. 0500	3636. 2700
2018	204. 3447	1962. 8300	3730. 7400
2019	210. 7098	2006. 5300	3735. 4000
2020	232. 2048	2025. 7400	3964. 0200
2021	305. 3415	2509. 3900	4698. 4000
2022	294. 0371	2627. 4200	4899. 6500

附表 10　1992—2022 年中国低等技术资本品、中间品、最终产品出口

（单位:亿美元）

年份	资本品	中间品	最终产品
1992	8. 9803	31. 3756	10. 8166
1993	7. 6897	30. 0995	11. 3615
1994	13. 1103	43. 2117	15. 7700
1995	21. 0167	87. 5149	20. 5863
1996	21. 6279	73. 1849	21. 9388
1997	26. 2248	89. 8918	28. 2173
1998	32. 7882	82. 1977	31. 2895
1999	29. 9748	78. 8431	34. 1507
2000	40. 4447	109. 9438	49. 6343
2001	39. 9865	104. 2674	52. 3896
2002	43. 9118	121. 7586	60. 9832
2003	66. 9036	164. 0890	84. 1015
2004	86. 6626	303. 8533	104. 9796
2005	111. 8817	414. 1959	126. 0737
2006	143. 3169	620. 1700	157. 0390
2007	196. 9373	910. 7102	194. 6263
2008	250. 0207	1196. 7000	233. 4789
2009	233. 6500	602. 5183	217. 0181
2010	364. 8152	855. 9269	300. 3198
2011	446. 4021	1126. 6200	357. 2834
2012	419. 0403	1153. 9300	359. 7916
2013	359. 3813	1196. 4000	353. 3567
2014	370. 0831	1437. 4300	368. 3784
2015	398. 6651	1381. 8900	382. 4693
2016	298. 7446	1199. 4500	330. 3597
2017	348. 5085	1269. 7900	362. 2079
2018	402. 8418	1431. 7700	394. 5707
2019	381. 9650	1398. 0000	399. 9375
2020	377. 8789	1360. 8900	436. 7151
2021	575. 4828	2049. 4300	613. 5537
2022	536. 3765	2344. 0300	587. 8124

附表 11　1992—2022 年中国中等技术资本品、中间品、最终产品出口

（单位：亿美元）

年份	资本品	中间品	最终产品
1992	27.0709	34.1629	11.9713
1993	34.2251	39.8124	14.5078
1994	43.7598	54.9067	19.2465
1995	60.4379	78.8941	25.0937
1996	64.9542	84.4237	28.3394
1997	77.8320	104.3171	35.9752
1998	82.8662	115.5770	38.9467
1999	95.0883	139.0481	44.6612
2000	129.2415	185.7543	57.7587
2001	142.5402	203.6347	65.4083
2002	174.0159	250.8682	81.1141
2003	232.4418	326.2711	105.2234
2004	327.6177	461.9621	138.1803
2005	429.9625	612.2838	176.9871
2006	576.0350	825.0999	219.9593
2007	812.2495	1094.9100	268.4526
2008	1070.1400	1335.9400	306.6077
2009	870.1207	1110.6700	268.4723
2010	1123.1300	1504.2600	347.4033
2011	1401.6900	1862.7400	418.1206
2012	1506.9600	2031.9600	482.0835
2013	1634.6400	2207.7800	531.9070
2014	1735.7400	2395.6400	563.3539
2015	1682.0200	2351.2100	555.9695
2016	1602.5900	2260.6800	540.7639
2017	1767.2600	2459.1700	570.6125
2018	1987.0800	2735.4300	634.3560
2019	2055.6367	2764.3476	711.3791
2020	2132.2179	2858.8192	842.9870
2021	2852.4590	3801.9820	1136.5658
2022	3256.1642	4146.1295	1226.6663

附表12　1992—2022年中国劳动与资本密集型产品出口情况

年份	劳动密集型产品（单位:亿美元）	资本密集型产品（单位:亿美元）	劳动密集型产品占比（单位:百分比）	资本密集型产品占比（单位:百分比）
1992	385.5410	124.3775	75.61	24.39
1993	426.5666	137.6959	75.60	24.40
1994	557.2325	190.0050	74.57	25.43
1995	619.6280	293.5436	67.85	32.15
1996	618.2784	294.4688	67.74	32.26
1997	759.1272	362.4581	67.68	32.32
1998	733.9499	383.6653	65.67	34.33
1999	756.1125	421.7663	64.19	35.81
2000	913.5898	572.7774	61.46	38.54
2001	942.2200	608.2267	60.77	39.23
2002	1111.6793	732.6519	60.28	39.72
2003	1386.7557	979.0304	58.62	41.38
2004	1697.9391	1423.2556	54.40	45.60
2005	2094.3992	1871.3847	52.81	47.19
2006	2589.6299	2541.6201	50.47	49.53
2007	3095.6773	3477.8905	47.09	52.91
2008	3473.1023	4392.8876	44.15	55.85
2009	3112.8860	3302.4455	48.52	51.48
2010	3898.4759	4495.8578	46.44	53.56
2011	4700.9678	5612.8617	45.58	54.42
2012	5119.8686	5953.7683	46.23	53.77
2013	5643.5589	6283.4649	47.32	52.68
2014	5999.4651	6870.6207	46.62	53.38
2015	5969.8165	6752.2260	46.92	53.08
2016	5448.0840	6232.5882	46.64	53.36
2017	5638.9443	6777.5472	45.41	54.59
2018	5897.9113	7586.0452	43.74	56.26
2019	4654.8376	9009.0599	34.07	65.93
2020	4768.0442	9463.4359	33.50	66.50
2021	6242.6706	12299.9315	33.67	66.33
2022	6713.9977	13204.2807	33.71	66.29

附表 13　1992—2022 年中国资本品、中间品和最终产品出口情况

年份	资本品（单位:亿美元）	中间品（单位:亿美元）	最终产品（单位:亿美元）	资本品占比（单位:百分比）	中间品占比（单位:百分比）	最终产品占比（单位:百分比）
1992	79. 4365	228. 7187	443. 9463	10. 56	30. 41	59. 03
1993	93. 8484	243. 0528	491. 5169	11. 33	29. 34	59. 33
1994	134. 9853	341. 4895	639. 9102	12. 09	30. 59	57. 32
1995	191. 5984	489. 3913	743. 4491	13. 45	34. 36	52. 19
1996	220. 0307	466. 7841	758. 0700	15. 23	32. 31	52. 47
1997	274. 2164	560. 8226	921. 5943	15. 61	31. 93	52. 46
1998	312. 4665	572. 3447	918. 5935	17. 33	31. 74	50. 94
1999	351. 0389	623. 5556	945. 8850	18. 28	32. 47	49. 25
2000	484. 3135	819. 4338	1127. 9404	19. 92	33. 70	46. 39
2001	549. 7916	886. 3218	1179. 7910	21. 02	33. 88	45. 10
2002	729. 5376	1116. 8595	1375. 1280	22. 65	34. 67	42. 69
2003	1139. 1249	1472. 5860	1735. 9746	26. 20	33. 87	39. 93
2004	1656. 8795	2089. 6369	2186. 9066	27. 92	35. 22	36. 86
2005	2214. 3743	2712. 9415	2766. 8308	28. 78	35. 26	35. 96
2006	2835. 8412	3564. 9396	3408. 7871	28. 91	36. 34	34. 75
2007	3646. 2475	4592. 0540	4281. 0998	29. 12	36. 68	34. 20
2008	4246. 3264	5554. 0071	5038. 6199	28. 62	37. 43	33. 96
2009	3766. 7399	4310. 0243	4349. 1324	30. 31	34. 69	35. 00
2010	4913. 2501	5877. 9213	5638. 3530	29. 91	35. 78	34. 32
2011	5731. 6946	7215. 8141	6961. 1438	28. 79	36. 24	34. 97
2012	6218. 9196	7757. 5265	7430. 4022	29. 05	36. 24	34. 71
2013	6471. 1217	8631. 8141	7955. 8177	28. 06	37. 43	34. 50
2014	6809. 3309	9179. 3476	8616. 1325	27. 67	37. 31	35. 02
2015	6453. 5792	9055. 4318	5193. 4841	31. 17	43. 74	25. 09
2016	5966. 2484	8307. 3735	4768. 1198	31. 33	43. 63	25. 04
2017	6034. 3727	9534. 5986	5010. 9124	29. 32	46. 33	24. 35
2018	6628. 2655	10741. 9277	5238. 8148	29. 32	47. 51	23. 17
2019	7073. 1504	11110. 6596	5853. 5408	29. 43	46. 22	24. 35
2020	7448. 3380	11202. 9877	6253. 3862	29. 91	44. 98	25. 11
2021	9295. 6889	15286. 0277	7594. 7464	28. 89	47. 51	23. 60
2022	9928. 7411	16377. 8924	7923. 4738	29. 01	47. 85	23. 15

附表 14　基于要素密集度划分的中国 1992—2022 年研发投入

（单位:亿元）

年份	劳动和资源密集型行业	低等技术行业	中等技术行业	高等技术行业
1992	33. 2451	17. 9371	81. 3730	44. 4685
1993	45. 2628	30. 8015	87. 2218	51. 1723
1994	49. 1095	38. 2416	116. 0083	73. 8478
1995	60. 8595	28. 3018	136. 3560	83. 4660
1996	64. 2276	33. 1158	153. 1374	84. 1249
1997	59. 2669	47. 6592	156. 6522	99. 3021
1998	58. 9191	44. 4703	160. 5931	134. 5459
1999	70. 3941	52. 8795	184. 6366	162. 2977
2000	108. 5178	68. 8896	250. 0219	244. 2036
2001	109. 8482	85. 3771	307. 7806	308. 3437
2002	125. 9085	114. 7508	392. 5041	369. 9605
2003	66. 9313	71. 8409	252. 0239	252. 5714
2004	102. 2094	102. 3491	369. 2389	405. 7620
2005	113. 9386	142. 3271	427. 8612	427. 6299
2006	133. 6737	183. 0978	591. 2123	531. 8430
2007	168. 0154	251. 7496	790. 1236	654. 1469
2008	222. 0315	344. 7650	1001. 2294	799. 5434
2009	279. 7844	351. 5533	1234. 1905	924. 9582
2010	342. 9343	463. 9759	1531. 8423	1154. 7476
2011	547. 3893	623. 9389	2244. 7202	1815. 7228
2012	675. 1759	820. 1499	2347. 1772	2368. 0708
2013	808. 2828	870. 8406	2755. 2805	2781. 9110
2014	920. 9217	903. 3199	3099. 3987	3124. 5454
2015	1021. 4831	855. 6353	3359. 2694	3464. 4149
2016	1169. 2020	881. 8977	3672. 7451	3785. 5328
2017	1298. 0538	996. 5703	4047. 8896	4088. 4798
2018	1397. 5721	1109. 3046	16221. 7965	4384. 7448
2019	1589. 0042	1369. 7423	4652. 9951	4639. 2208
2020	1542. 3320	1379. 8977	5319. 1657	5275. 8644
2021	1609. 7124	1610. 2908	5905. 4455	6310. 8501
2022	1710. 2505	1596. 8358	6626. 2883	7141. 0024

附表 15　基于不同参数设定的中国资本与劳动密集型技术效率

年份	$\varepsilon_1=0.813,\varphi_1=0.418$		$\varepsilon_2=0.92,\varphi_2=0.455$		$\varepsilon_3=0.777,\varphi_3=0.816$	
	A_{K1}	A_{L1}	A_{K2}	A_{L2}	A_{K3}	A_{L3}
1992	0.7259	0.3980	1.8592	0.1918	7.4981	0.0072
1993	0.8187	0.5367	1.9534	0.2723	8.5288	0.0096
1994	1.0478	0.6611	2.8873	0.3022	10.7274	0.0120
1995	1.2668	0.7909	3.9238	0.3331	12.7879	0.0145
1996	1.2726	0.9478	3.6710	0.4195	12.9582	0.0173
1997	1.2851	1.0551	3.7016	0.4675	13.0877	0.0192
1998	1.2301	1.1359	3.4849	0.5092	12.5523	0.0207
1999	1.0839	1.2806	2.6509	0.6381	11.2584	0.0230
2000	0.9836	1.5336	2.0193	0.8711	10.4342	0.0271
2001	0.9168	1.7581	1.6947	1.0831	9.8500	0.0308
2002	0.8564	2.0384	1.4289	1.3623	9.3151	0.0353
2003	0.7332	2.6978	0.9239	2.2792	8.2506	0.0455
2004	0.4827	5.0425	0.2827	8.8929	5.9573	0.0778
2005	0.5018	5.7677	0.3061	9.7433	6.1630	0.0894
2006	0.4457	7.5865	0.2256	15.6918	5.5986	0.1148
2007	0.4271	9.5739	0.1978	21.8874	5.4235	0.1431
2008	0.6334	7.2875	0.5704	8.3429	7.4223	0.1184
2009	0.8367	6.1721	1.3043	4.3593	9.1765	0.1063
2010	0.7118	8.5491	0.8297	7.7307	8.0846	0.1429
2011	0.7320	10.0445	0.8716	8.9154	8.2936	0.1683
2012	0.7520	10.2372	1.0387	7.9955	8.3686	0.1742
2013	0.7309	10.7202	1.0915	7.8430	8.0569	0.1839
2014	0.7046	11.2166	1.1247	7.7703	7.7054	0.1936
2015	0.7156	10.8169	1.3712	6.4796	7.6551	0.1900
2016	0.6132	12.5391	1.0090	8.4755	6.6816	0.2171
2017	0.5961	13.5601	0.9882	9.1096	6.4888	0.2350
2018	0.7721	12.1677	2.0106	5.7930	7.9598	0.2198
2019	0.8395	12.3279	2.5465	5.2677	8.4965	0.2256
2020	0.9130	11.6102	3.4641	4.2629	8.9936	0.2164
2021	0.8057	14.8166	2.2807	6.6456	8.2226	0.2696
2022	0.7701	16.4780	2.0223	7.7973	7.9306	0.2979

附表 16　中国历年人力资源结构　（单位:百分比）

年份	人力资源结构	年份	人力资源结构
1992	1. 7983	2008	9. 0340
1993	1. 6953	2009	9. 5038
1994	1. 8549	2010	10. 4037
1995	2. 2380	2011	11. 1396
1996	2. 3024	2012	11. 5726
1997	2. 1477	2013	12. 1430
1998	1. 9768	2014	13. 2492
1999	1. 9164	2015	13. 8769
2000	2. 0633	2016	14. 1764
2001	2. 0688	2017	14. 7790
2002	2. 5923	2018	14. 7196
2003	3. 5528	2019	15. 1666
2004	4. 4505	2020	15. 5890
2005	5. 5441	2021	17. 3628
2006	6. 7553	2022	14. 7196
2007	7. 9880		

参考文献

[1]陈欢、王燕:《国际贸易与中国技术进步方向——基于制造业行业的经验研究》,《经济评论》2015 年第 3 期。

[2]楚明钦、丁平:《中间品、资本品进口的研发溢出效应》,《世界经济研究》2013 年第 4 期。

[3]大卫·李嘉图:《政治经济学及赋税原理》,郭大力,王亚南译,商务印书馆 1972 年版。

[4]戴杰:《我国的技术进步偏向性及其影响因素分析》,吉林大学硕士学位论文,2012 年。

[5]戴天仕、徐现祥:《中国的技术进步方向》,《世界经济》2010 年第 10 期。

[6]戴维·罗默:《高级宏观经济学》,王根蓓译,上海财经大学出版社 2009 年版。

[7]董直庆、王芳玲、高庆昆:《技能溢价源于技术进步偏向性吗》,《统计研究》2013 年第 6 期。

[8]董直庆、蔡啸、王林辉:《技术进步方向、城市用地规模和环境质量》,《经济研究》2014 年第 10 期。

[9]高鸿业:《西方经济学》,中国人民大学出版社 2011 年版。

[10]高铁梅:《计量经济分析方法与建模》,清华大学出版社 2009 年版。

[11]郭雁冰:《熊彼特的经济发展理论及启示》,东北财经大学硕士学位论文 2010 年。

[12]洪宇:《中国商品贸易模式演进与背离研究》,吉林大学博士学位论文 2009 年。

[13]胡方、彭诚:《技术进步引起国际贸易摩擦的一个模型》,《国际贸易问题》2009 年第 9 期。

[14]黄先海、徐圣:《中国劳动收入比重下降成因分析——基于劳动节约型技术进步的视角》,《经济研究》2009 年第 7 期。

[15]阚大学:《我国贸易结构与就业结构的动态关系研究》,《国际贸易问题》2010 年第 10 期。

[16]赖明勇、包群:《技术外溢与吸收能力研究进展述评》,《经济学动态》2003 年第 8 期。

[17]雷钦礼:《偏向性技术进步的测算与分析》,《统计研究》2013 年第 4 期。

[18]李兵:《进口贸易结构与我国经济增长的实证研究》,《国际贸易问题》2008 年第 6 期。

[19]李凯杰、曲如晓:《技术进步对中国碳排放的影响——基于向量误差修正模型的实证研究》,《中国软科学》2012 年第 6 期。

[20]李荣林、姜茜:《进出口贸易结构对产业结构的影响分析——基于产品技术附加值的研究》,《经济与管理研究》2010 年第 4 期。

[21]李荣林、姜茜:《我国对外贸易结构对产业结构的先导效应检验——基于制造业数据分析》,《国际贸易问题》2010 年第 8 期。

[22]李太龙、朱曼、王志斌:《长三角地区技术进步偏向的测算与分

析》,《浙江理工大学学报》2015 年第 10 期。

[23]李小平、卢现祥、朱钟棣:《国际贸易、技术进步和中国工业行业的生产率增长》,《经济学季刊》2008 年第 2 期。

[24]李小平:《国际贸易与技术进步的长短期因果关系检验—基于 VECM 的实证分析》,《中南财经大学学报》2007 年第 1 期。

[25]李子奈:《计量经济学》,高等教育出版社 2000 年版。

[26]刘秉镰、李清彬:《中国城市全要素生产率的动态实证分析:1990—2006 年——基于 DEA 模型的 Malmquist 指数方法》,《南开经济研究》2009 年第 3 期。

[27]刘舜佳:《国际贸易、FDI 和中国全要素生产率下降——基于 1952—2006 年面板数据的 DEA 和协整检验》,《数量经济技术经济研究》2008 年第 11 期。

[28]刘志恒、王林辉:《偏向型技术进步和我国要素收入分配——来自产业层面的证据》,《财经研究》2015 年第 2 期。

[29]刘志恒、王林辉:《中间品进口贸易结构影响技术进步偏向性跨国传递吗》,《贵州财经大学学报》2016 年第 3 期。

[30]刘志恒、王林辉:《中国进口贸易结构的技术偏向与优化调整》,《学习与实践》2016 年第 2 期。

[31]罗知、宣琳露、李浩然:《国际贸易与中国技术进步方向——基于要素价格扭曲的中介效应分析》,《经济评论》2018 年第 3 期。

[32]陆雪琴、章上峰:《技术进步偏向定义及其测度》,《数量经济技术研究》2013 年第 8 期。

[33]裴长洪:《进口贸易结构与经济增长:规律与启示》,《经济研究》2013 年第 7 期。

[34]柒江艺、许和连、赖明勇:《知识产权保护与我国进口贸易结构转

变》,《科技进步与对策》2011 年第 3 期。

[35]邵军、徐康宁:《我国城市的生产率增长、效率改进与技术进步》,《数量经济技术经济研究》2010 年第 1 期。

[36]邵敏、刘重力:《出口贸易、技术进步的偏向性与我国工资不平等》,《经济评论》2010 年第 4 期。

[37]盛斌、马涛:《中间产品贸易对中国劳动力需求变化的影响:基于工业部门动态面板数据的分析》,《世界经济》2008 年第 3 期。

[38]宋东林、王林辉、董直庆:《技能偏向型技术进步存在吗?来自中国的经验证据》,《经济研究》2010 年第 5 期。

[39]宋冬林、王林辉、董直庆:《资本体现式技术进步及其对经济增长的贡献率(1981—2007)》,《中国社会科学》2011 年第 2 期。

[40]宋冬林、王林辉、董直庆:《技能偏向型技术进步存在吗?——来自中国的经验证据》,《经济研究》2010 年第 5 期。

[41]苏宏伟、刘志恒:《日本高科技产品贸易模式实证分析》,《现代日本经济》2012 年第 4 期。

[42]孙巍、张屹山:《工业经济增长方式转变程度的区域性特征》,《中国软科学》2002 年第 10 期。

[43]孙晓华、王昀:《对外贸易结构带动了产业结构升级吗?——基于半对数模型和结构效应的实证检验》,《世界经济研究》2013 年第 1 期。

[44]孙焱林、温湖炜:《中国省际技术进步偏向测算与分析:1978—2012 年》,《中国科技论坛》2014 年第 11 期。

[45]王滨:《FDI 技术溢出、技术进步与技术效率——基于中国制造业 1999—2007 年面板数据的经验研究》,《数量经济技术经济研究》2010 年第 2 期。

[46]王林辉、袁礼、郭凌:《技术进步偏向性会引导投资结构吗?》,《学

海》2012 年第 3 期。

[47]王林辉、袁礼:《要素结构变迁对要素生产率的影响:技术进步偏态的视角》,《财经研究》2012 年第 11 期。

[48]王林辉、袁礼:《要素结构变迁对要素生产率的影响——技术进步偏态的视角》,《财经研究》2012 年第 11 期。

[49]王林辉、赵景、李金城:《劳动收入份额 U 形演变规律的新解释:要素禀赋结构与技术进步方向的视角》,《财经研究》2015 年第 10 期。

[50]王林辉、董直庆:《资本体现式和中性技术进步路径选择:基于我国制造业面板数据的实证检验》,《东北师大学报》2010 年第 6 期。

[51]王林辉、宋东林、董直庆:《资本体现式技术进步及其对经济增长的贡献率:一个文献综述》,《经济学家》2009 年第 12 期。

[52]项松林、赵曙东:《中性还是偏向性技术变迁影响出口》,《财贸经济》2012 年第 6 期。

[53]徐光耀:《我国进口贸易结构与经济增长的相关性分析》,《国际贸易问题》2007 年第 2 期。

[54]亚当·斯密(郭大力、王亚南译):《国民财富的性质和原因的研究》,商务印书馆 1974 年版。

[55]杨翔、李小平、钟春平:《中国工业偏向性技术进步的演变趋势及影响因素研究》,《数量经济技术经济研究》2019 年第 4 期。

[56]杨飞、程瑶:《南北贸易、产权保护与技能偏向性技术进步——论产权保护是否存在门槛效应》,《财经研究》2014 年第 10 期。

[57]姚洋:《非国有经济成分对我国工业企业技术效率的影响》,《经济研究》1998 年第 12 期。

[58]易信、刘凤良:《中国技术进步偏向资本的原因探析》,《上海经济研究》2013 年第 10 期。

[59]殷德生、唐海燕:《技能型技术进步、南北贸易与工资不平衡》,《经济研究》2006 年第 5 期。

[60]袁其刚、戴金平、刘斌:《贸易结构变化促进经济增长途径的比较分析——基于中国数据的经验研究》,《国际贸易》2011 年第 11 期。

[61]袁欣:《中国对外贸易结构与产业结构:"镜像"与"原像"的背离》,《经济学家》2010 年第 6 期。

[62]张莉、李捷瑜、徐现祥:《国际贸易、偏向型技术进步与要素收入分配》,《经济学季刊》2012 年第 2 期。

[63]张群、张曙霄、吴石磊:《优化进口贸易结构促进扩大内需的对策研究》,《经济纵横》2014 年第 1 期。

[64]张曙霄:《中国对外贸易结构问题研究》,东北师范大学博士学位论文,2002 年。

[65]张化尧:《基于多种外溢机制的国际贸易与我国技术进步关系分析》,《国际贸易问题》2012 年第 5 期。

[66]赵林海、叶灵莉:《进口结构与技术进步:中国的经验证据》,《技术经济》2010 年第 1 期。

[67]钟世川、刘岳平:《中国工业技术进步偏向研究》,《云南财经大学学报》2014 年第 2 期。

[68]周端明:《技术进步、技术效率与中国农业生产率增长——基于 DEA 的实证分析》,《数量经济技术经济研究》2009 年第 12 期。

[69]周申、李可爱、鞠然:《贸易结构与就业结构:基于中国工业部门的分析》,《数量经济技术经济研究》2012 年第 3 期。

[70]周燕:《国际贸易、R&D 溢出和发展中国家的技术进步》,厦门大学博士学位论文,2009 年。

[71]左萌:《进口贸易结构、国际技术扩散与我国经济波动——基于内

生 R&D 投入与技术转化的视角》,西南财经大学博士学位论文,2010 年。

[72]Acemoglu,D.,"Directed Technical Change",*The Review of Economic Studies*,No.4,Vol.69,2002.

[73]Acemoglu,D.,"Patterns of Skill Premia",*The Review of Economic Studies*,No.2,Vol.70,2003.

[74]Acemoglu,D.,"Why Do New Technologies Complement Skill? Directed Technical Change and Wage Inequality"*Quarterly Journal of Economics*,No.113,1998.

[75]Acemoglu,D.,Aghion,P.,Bursztyn,L.and Hemous,D.,"The environment and Directed Technical Change",*American Economic Review*,No.1,Vol.102,2012a.

[76]Acemoglu,D.,G.Gancia,and F.Zilibotti.,"Offshoring and Directed Technical Change",*NBER Working Paper* 18595,2012b.

[77] Aghion P, Howitt P., *The Economics of Growth*, Cambridge: MIT Press,2009.

[78]Amy Jocelyn Glass,Kamal Saggi.,"Intellectual Property Rights and Foreign Direct Investment",*Ssrn Electronic Journal*,No.2,Vol.56,2002.

[79]Balassa,B.,"Exports and Economic Growth:Further Evidence",*Journal of Development Economics*,No.5,1978.

[80]Bardhan,P.K.,*Economic Growth Development and Foreign Trade*,New York,1970.

[81]Boldrin Michele and Jose A.Scheinkman.,"Learning-By-Doing,International Trade and Growth:A Note",*UCLA Economics Working Papers*,1988.

[82]Caves,R.E.,"Multinational Firms,Competition and Productivity in Host Country Markets",*Economica*,No.41,1974.

[83] Coe, D. T., Helpman, E., "International R&D Spillovers", *European Economic Review*, No.39, 1995.

[84] David and Klundert., "Biased Efficiency Growh and Capital-Labor Substitution in the U.S., 1899-1960", *The American Economic Review*, No.55, 1965.

[85] Dodzin, S. and Athanasions Vamvakidis., "Trade and Industrialization in Developing Agricultural Economies", *IMF Working Paper*, 1999.

[86] Findlay, Ronald., "Relative Backwardness, Dircct Foreign Investment, and the Transfer of Technology: A Simple Dynamic Model", *Quarterly Journal of Economics*, No.62, 1978.

[87] Gerschenkron, A., *Economic Backwardness in Historical Perspective*, Cambridge, MA, Harvard University Press, 1962.

[88] Goh A.T., and J.Olivier., "Learning by Doing, Trade in Capital Goods and Growth", *Journal of International Economics*, No.56, 2002.

[89] Gordon, R.J., "Energy Efficiency, User-Cost Change, and the Measurement of Durable Goods Prices", *NBER Working Paper*, w.0408, 1979.

[90] Gordon, R. J., *The Measurement of Durable Goods Princes*, Chicago: University of Chicago Press, 1990.

[91] Grossman Gene. M. and Elhanan Helpman., *Innovation and Growth in the Global Economy*, Cambridge: MIT Press, 1991.

[92] Hicks, J.R., *The Theory of Wages*, London, Macmilla, 1932.

[93] Jorgenson, D.W., Grilighes, Z., "Issues in Growth Accounting: A Reply to Edward F.Denison", *Survey of Current Business*, No.5, Vol.52, 1972.

[94] Jorgenson, D. W., Grilighes, Z., "The Explanation of Productivity Change", *Review of Economic Studies*, No.34, 1967.

[95]Kalt,J.P.,"Technological Change and Factor Substitution in the United States:1929-1967",*International Economic Review*, No.19,1978, pp.761-775.

[96]Koizumi,T.and K.J.Kopecky,"Economic Growth,Capital Movements and the International Transfer of Technical Knowledge",*Journal of International Economics*,No.7,1977,pp.45-65.

[97] Kokko A., Tasini, R. and M. Zejan, "Local Technological Capability and Productivity Spillovers from FDI in the Uruguayan Manufacturing Sector", *Journal of Development Studies*,No.32,1996,pp.602-611.

[98] Kokko, A., "Technology, Market Characteristics, and Spillovers", *Journal of Development Economics*,No.43,1994,pp.279-293.

[99]Lall S.,"Technological Capabilities and Industrialization",*World Development*,No.20,1992.

[100]Liu,X.,Siler,P.,Wang,C.and Y.Wei.,"Productivity Spillovers from Foreign Direct Investment:Evidence from UK Industry Level Panel Data",*Journal of International Business Studies*,No.3,2000,Vol.31.

[101] Lucas, Robert E. Jr., "On the Mechanism of Economic Development",*Journal of Monetary Economics*,No.22,1988.

[102]MacDougall,G.D.A.,"The Benefits and Costs of Private Investment from Abroad:A Theoretical Approach",*Economic Record*,No.36,1960.

[103] Matsuyama, Kiminori., "Agricultural Productivity, Comparative Advantage, and Economic Growth", *Journal of Economic Theory*, No. 2, Vol. 58, 1992.

[104]Mazumdar,J.,"Do Static Gains from Trade Lead to Medium-Run Growth?",*Journal of Political Economy*,No.2,1996.

[105] Nassau A., Adams, "Import Structure And Economic Growth In Jamaica, 1954–1967", *Social and Economic Studies*, 1971.

[106] Nassau A., Adams, "Import Structure and Economic Growth: A Comparison of Cross–Section and Time–Series Data", *Chicago Journals*, 1967.

[107] Sato, R., Morita T., "Quantity or Quality: the Impact of Labour Saving Innovation on US and Japanese Growth Rates, 1960–2004", *The Japanese Economic Review*, No.4, Vol.60, 2009.

[108] Sato, R., "The Estimation of Biased Technical Progress and the Production Function", *International Economic Review*, No.11, 1970.

[109] Sjoholm, F., "Productivity Growth in Indonesia: The Role of Regional Characteristics and Direct Foreign Investment", *Economic Development and Cultural Change*, No.47, 1999.

[110] Solow, Robert., "Investment and Technological Progress", In Kenneth Arrow, Samuel Karlin and Patrick Suppes, eds., *Mathematical Methods in the Social Sciences* 1959. Stanford, CA: Stanford University Press, 1960.

[111] Stigler, G.J., "Notes on the History of the Giffen Paradox", *Journal of Political Economy*, No.2, Vol.55, 1947.

[112] Stokey, Nancy L., "Human Capital, Product Quality, and Growth", *Quartely Journal of Economics*, Vol.106, 1991.

[113] Tinbergen., "On the Theory of Long–term Economic Growth", *Weltwirschaftliche Archiv*, Vol.106, 1942.

[114] Todaro, M., *Economic Growth in the Third World*, Longman, London, 1985.

[115] UNCTAD, "Trade and Development Report", *Annex* 1 *to Chapter* Ⅲ: *Growth and Classification of World Merchandise Exports*, 2002.

[116] Weiss, M., "Skill-biased Technological Change: Is There Hope for the Unskilled?", *Economics Letters*, No.3, Vol.100, 2008.

[117] Wood, A., *North-South Trade, Employment and Inequality: Changing Fortunes in a Skill Driven World*, Oxford, UK: Clarendon Press, 1994.

[118] Worz, Julia., "Skill Intensity in Foreign Trade and Economic Growth", *Wiener Institute for International Wirchaft Vergleiche Working Paper*, No.35, 2004.

[119] Young, A.T., "Labor's Share Fluctuations, Biased Technical Change, and the Business Cycle", *Review of Economic Dynamics*, No.4, Vol.7, 2004.

[120] Young, Alwyn., "Learning by Doing and the Dynamic Effects of International Trade", *Journal of Political Economy*, No.106, 1991.

责任编辑：张　燕
封面设计：胡欣欣

图书在版编目(CIP)数据

贸易品细分视角下中国技术进步根源研究 / 刘志恒著. -- 北京 ：人民出版社，2024. 8. -- ISBN 978-7-01-026733-3

Ⅰ. F279. 23

中国国家版本馆 CIP 数据核字第 2024D1A304 号

贸易品细分视角下中国技术进步根源研究

MAOYIPIN XIFEN SHIJIAO XIA ZHONGGUO JISHU JINBU GENYUAN YANJIU

刘志恒　著

人民出版社 出版发行
（100706　北京市东城区隆福寺街 99 号）

北京九州迅驰传媒文化有限公司印刷　新华书店经销

2024 年 8 月第 1 版　2024 年 8 月北京第 1 次印刷
开本:710 毫米×1000 毫米 1/16　印张:14
字数:180 千字

ISBN 978-7-01-026733-3　定价:69.00 元

邮购地址 100706　北京市东城区隆福寺街 99 号
人民东方图书销售中心　电话 (010)65250042　65289539